奪われる子どもたち

貧困から考える子どもの権利の話

富坂キリスト教センター◉編

教文館

はじめに

——子ども自身のエンパワメント〈何よりも大切なこと〉

この本は、子どもをとりまくすべての大人たちへ向けて書かれました。今、社会にはたくさんのものを奪い取られている子どもたちが存在します。人として生きるために必要なお金や物、「思いっきり遊ぶ」、「大切にされる」経験、「知る」、「出会う」、「挑戦する」機会や人生の途上にある多様な選択肢など、さまざまな物や事、関係を奪い取られ、未来を狭められている子どもたちがいます。しかも、そのような子どもたちの惨状は、社会の中で、最も見えにくいところにあるのです。

映画『母さんがどんなに僕を嫌いでも』（二〇一八年公開）の原作者歌川たいじさんは、五歳のころから一〇年以上、母親に虐待されていました。ケガを負わされたとき、それでも、「子どもは親に刺身包丁で切られたって言えないんですよ」と語っています。「子どもは、自分の命と引き換えにしなかったら世間に虐待されているっていうことが分かってもらえないんです」と（「虐待経験を映画に」（シリーズ「STOP！子ども虐待」）NHK大阪、二〇一八年一一月二一日放送）。

この言葉は衝撃でした。「子どもは、死ななければ気づかれない」と言われているのだと思いました。存在の最後の砦である命が奪われて初めて、子どもはその悲惨な現実をようやく知ってもらうことができる、そんなにもちっぽけな存在だというのです。

隠されているものを見落とさない

育てられている環境から自分で外に出られない子どもにとって、逃げる場所のない児童虐待は、全国児童相談所による調査開始の一九九〇年度から二七年連続で増加しています。児童の虐待死は無理心中を除いても年間五〇人前後、つまり、日本では一週間に一人の子どもが虐待で命をおとしています。わたしたち大人は、それを統計的に知っていますが、身の回りの現実として実感し、それに気づくこと、防ぐことはなかなかできていません。児童虐待は、家庭の中や他人が立ち入れない密室で進行し、被害の当事者である子どもは、それを訴えでることができないからです。

現代社会の抱える問題のひとつに「貧困」があります。貧困のなかでも、特に子どもの貧困は、「見えない貧困」と呼ばれています。わたしは担当する短期大学の授業で、「子どもの貧困」を取り上げています。そのなかで、表面的には何ら変わりなく見える高校生が、放課後かけもちのアルバイトをして生活費を稼ぎ、それでも部活動や夢、大学進学などを経済的理由にあきらめざるを得ない厳しい状況にあることを学生たちと共有します。その授業のコメントには、必ず、「自分の高校時代とほぼ同じ状況の話だった」と書く学生がいる一方で、大半は「そんな苦しい状況の子は周囲にいなかったのでとても驚いた」というコメントが寄せられます。

同じ教室の隣に、現にいるのに、その苦しい現実は他人に気づかれることがありません。なぜなら、子どもや若者が受ける虐待やDVなどの暴力、直面する生活の苦しさ（困窮）、いじめやハラスメントなど差別される体験は、当事者にとって「苦しい」、「恥ずかしい」、「知られたくない」ものだからです。加えて、親や教師・上司、親しい相手への遠慮や気づかい、そして時には植えつけられてしまった「自分のほうが悪かったのだ」という自責の念から、子どもたちへの人権侵害は、本人だけに抱え込まれ、秘匿されてしまうのです。

子どもの窮状は、隠されています。ふつうに眺めていては見えません。ですから子どものそばにいる人は、そのことをよくよくわきまえて、子どもたちの現実を見落とさない目を養わなくてはなりません。子どもが、人として生きるための権利を奪われている状況に対して、大人は、あらゆるセンサー（感性）と知性、能力を総動員して、隠された実相を見抜く必要があるのです。

そのために本書は、「子どもの貧困」という一つのテーマに絞って、子どもたちに起きている現象にさまざまな角度から光をあてることを試みました。そうして浮かび上がってくるものをつかみ取り、それがなぜ起こっているのか、子どもや親をとりまく環境や社会構造へと理解を広げ、問題の根っこを考え、それを明るみに出す。そのことが、子どもの周囲にいるわたしたち大人に、まず、最初に求められていることだと考えます。

エンパワメントと大人

大人が、貧困や様々な生きづらさに直面している子どもたちに気づき、その子たちに向き合うとき、関わり方の基本となるのは、「子どもたち自身のエンパワメント」ということです。それは、この本の中心となる考え方で、大人がなしうる支援の方向性、ケアの根底にあるものです。キーワードであるエンパワメント（empowerment）は、もともと、「権限を与えること」、「力をつけること」という意味の言葉です。権利や機会を奪われた子どもたちへのエンパワメントというときには、以下の意味あいで使います。

社会的弱者や被差別者が、自分自身の置かれている差別構造や抑圧されている要因に気づき、その状況を変革していく方法や自信、自己決定力を回復・強化できるように援助すること。またはその理念。「庇護」や「救済」ではなく、本来の権利や人格を保つために力を付与する（エンパワー）という考え方に沿って、教育や支援を行う。……不当な力に対抗する知識や手段、権利意識の習得を支援することで、主体的かつ能動的な権利擁護を目指す新しいアプローチ。

（『知恵蔵』朝日新聞出版、二〇〇七年。項目執筆・中谷茂一）

つまり、エンパワメントとは、様々な力を奪いとられてしまった子どもたちが、自分が背負わされている理不尽な剥奪に気づくことから始まります。そして、とことん凹まされてしまう現実や無力感、諦めをはねのけて、本来その子に備わっている生きる力を取り戻し、自分らしく生きていく闘いに挑めるよう手助けすることだと言えるでしょう。

ここで注目したい第一のことは、エンパワメントが「『庇護』や『救済』ではなく」と言われていることです。エンパワメントとは、大人が力を使って子どもを守ってやることではありません。大人の一人として、最大級の自戒を込めて言うのですが、大人というものは、とても横暴です。「日本〈子どもの権利〉叢書」を編んだ上笙一郎《かみしょういちろう》さんは、子どもにとって大人は、「最親最大の〈愛護者〉であるとともに、反面、最大最強の〈支配者〉でもある」と述べています。まさにそのとおりだと思います。

その上さんが子どもの権利について考えるきっかけは、国民学校初等科（今でいう小学校）六年生のときの体験でした。戦争中、学童疎開のために母子だけで暮らしていた疎開地で、これからの人生のためにもっと勉強したいと願った笙一郎少年は、町の中学校への進学を夢見て、当時数人しかいなかった受験希望の友人と共に、毎日居残りして勉強を続けていました。けれども、疎開先にやって来た父にその希望を話すと、「中学なんぞ行かなくていい、奉公に行け、おれもそうして生きてきた！」と一蹴されてしまうのです。母にも訴えてみたものの、お母さんには経済力がなく、どうしてあげることもできません。

めざしていた中学の受験の日、笙一郎少年にできたことは、いそいそと試験に出かけていく友人たちの背中を、ただ黙って見送ることだけだったのです。

その夜わたしは、寝床に入ってから、母にも兄弟たちにも悟られぬように声を圧し殺して泣いた。そして、泣きながら、今の言葉に直せばこんなふうなことを強く思ったのだ。――〈子ども〉というものは、どうして希望を叶えてもらえないのだろう、と。〈子ども〉の意思の実現は、〈おとな〉に依るしかないのだけれど、そのおとなは、子どもの心を本当には分かってくれない。子どもはおとなに生殺与奪の権を握られており、したがって、〈おとな〉は子どもの〈支配者〉であり〈子ども〉はおとなの〈被支配者〉にほかならない、と。

（上笙一郎『〈子どもの権利〉思想のあゆみ』（「日本〈子どもの権利〉叢書」別巻）久山社、一九九五年、一〇頁）

この文章に、わたしは深い共感をおぼえました。この話は、戦争中の昔話ではない、今も昔も変わらない、子どもと大人の関係なのだと思います。わたしたち大人は、子どもに対して大きな力――まさに生殺与奪の権――をもっています。子どもを生かすのも、殺すのも、与えるのも、奪うのも大人であり、大人は子どもをどうするのか決める権利と、決めたことを子どもに執行する力を持っている存在だというのです。

その力を、たとえ「よかれ」と思ってであれ、大人の思い通りに子どもを支配したり、操作したりすることに使ってはいけないのです。「子どものエンパワメントのために」という言葉が示すのは、あくまで大人は、当事者である子どもの伴走者、主体者である子どもの代弁者（擁護者）に過ぎないということなのです。主役は子どもだということなのです。

子どもには底力がある

注目したい第二のことは、エンパワメントが、「自信、自己決定力を回復・強化できるように援助すること」や、「本来の権利や人格を保つために力を付与する」こととして述べられている点です。「回復できるように」や「本来の権利」という言葉は、そもそも「子どもには力がある」のだということを表明しています。エンパワメントとは、無力な子どもに外から別のパワー（力）を注入することではなく、子どもが本来、いのちと共に持たされている輝きや能力をよみがえらせるためになされる努力なのです。

わたしの身近な例を紹介します。教室での理不尽な排除にあって、中学校をほとんど不登校ですごしたAさんは、来る日も来る日も家に引きこもっていました。そこ（教室）では自分が生きられないとわかり、不登校を決めたので、とにかく自宅マンションにいるしかありません。義務教育の期間、子どもには、自宅のほかに、学校以外の居場所が驚くほどありませんから、忙しく出勤していく両親と登校する妹が出ていくと、一日の大半をテレビの前で過ごす毎日でした。

リビングに寝そべるAさんを、「まるで魚河岸に並ぶひきあげられたマグロみたい」だとお母さんは思いました。その堂々とした、デーンと寝転がる姿に、「この子のエネルギーは半端ない」とかえって感動したのです。学校に行かないことを選び取り、人と違う道を行く不安は大変なものだったと思います。その中で、先が見えないまま、ひたすらひきこもる「わたし」を引き受けたAさんは、学校とそこそこ上手くやりくりして、適当につきあってきた自分とは比べものにならない強さや力があるのだと、お母さんは確信しました。

子どもに備えられている力はすごいと思います。傷つけられ、翼を折られてしまって、今は飛べない状態にあったとしても、ちゃんと強靭で美しい翼を生まれながらに持っています。大空を自由に飛ぶことのできる存在として生かされているのです。

子どものエンパワメントにおいて大切にされる子ども「本来の力」、「自信」は、子どもの自尊心や自重、その子の誇りにかかわる重大事です（ここでいう子ども本来の力とは、自尊感情や自分の品位を考えみだりに卑下しないという意味での自重、また、大江健三郎さんが『「自分の木」の下で』で述べている「子供の持っている誇り」「子供の誇り」と同じ響きを持っているとわたしには思えます）。けれども、実際には、それが踏みにじられ、傷つけられた状態の子どもと出会うことがほとんどとなるため、大人はついそのことを忘れてしまいます。自信を喪失させられ、酷く荒れた状況にある子どもの姿を見ると、大人は子どもの底力を認められなくなり、本来持たされている生きる力を信じられなくなり、つい叱咤激励の説教をして、さらに子どもを傷つけてしまうことも多いのです。

子どもにかかわる大人は、何度でもくりかえして、子どものすごさに立ち返りつづけなくてはなりません。子どものエンパワメントとは、子どもの「立ち直る力・回復力・復元力」——レジリエンス（resilience）とも呼ばれます——を信じて、子ども自身が、しなやかにしたたかに、自分の足で人生を歩いていけるように、大人はそのお手伝いをすることなのです。大人は、「信じて待つ」、それが基本ということでしょう。

子どもは自分で決めていい

「子ども自身のエンパワメント」は、また、「子どもの権利条約」の中心にある考え方と共通なものであることに触れたいと思います。子どもの権利条約のなかでも、画期的なのは、第31条に定められた、休み・遊ぶ権利を含む「子どもの参加権」が認められていること、そして、第12条「意見表明権」、第13条「表現・情報の自由」に見られる子どもの自己決定権の保障であると考えられます。

第31条の「子どもの参加権」は、子どもの権利の主体者は誰なのかをわたしたちに問いかけます。条約の文章を考え、作成したのが大人なので、ついそれを忘れそうになるのですが、子どもの権利条約は、子どもが自らの生をよく生き、育つためにつくられた、子ども自身のための約束なのです。もちろん、それは「子どもが」が主語になり、子どもが自由に経験し、参加する権利でなければ意味はありません。子どもの当事者性、主体性を強調し印象づける第31条は、そのことを大人に告げているのです。

もう一つの第12条「意見表明権」には「自己の見解をまとめる力のある子どもに対して、その子どもに影響を与えるすべての事柄について自由に自己の見解を表明する権利を保障する」（国際教育法研究会訳）とあり、その子どもが表明した見解は「正当に重視される」と書かれています。さらに、第13条は、子どもが「表現の自由への権利」を有し、自分で選択した方法で、あらゆる情報を受け、伝える自由があるとしています。つまり、子どもは自分に関わるすべての事柄について知りたい情報を提供され、そこから自分なりの意見を持ち、しかもそれをまとめる力が子どもにはあるので、自由に思ったことを発表していいし、その意見は大事にされるというのです。

ここには、大変重要なことが書いてあると思いませんか。子どもは、一人の人間として、自分の人生を生きる主体者であり、自由に選び、考え、思ったことを言っていい。それが叶うかどうかは別としても、とりあえず、自分のことは、年齢に応じてその当事者である自分で決めて、それを表明することができ、大人はそれを尊重しなくてはならないというのです。

これらの条項は、まさにエンパワメントの理念、子どもが本来持つ「自己決定力を回復・強化するために援助すること」に合致しています。子どもの権利条約が締約国とその国の大人に求めていること、すなわち子どもの参加権と自己決定権の保障は、言い換えれば「大人は、子どもたち自身のエンパワメントに徹しよう」という呼びかけでもあると思います。そして、これらの権利が実際に守られているかどうかはまた別の重要な問題です。

エンパワメントに関わる大人たちへ

子ども自身のエンパワメントは、ここまでみてきたように、子どもの権利擁護にかかわる大人にとって、何よりも大切にしなければならないこととなります。しかし、本来守られるべき多くの権利を奪われてしまった子どもたちの存在に気づき、その子どもたちと出会い、子どもたちの権利を取り戻す力をつける、すなわちエンパワーするのは、並大抵のことではありません。自尊感情や自己肯定感を失わされた子どもが「自分」と向き合うことにも、身に起った剝奪を理解するにも、さらには、その状況を変えていくにも、膨大な時間がかかります。それを見守る、ずっと変わらない受容の態度が要求されます。委縮させられた子どもが、なんども壁にぶつかり、ふりだしに戻されるような歩みのなかで、自分を取り囲む負の力と闘い続けるには、とても長い時間がかかり、労苦と忍耐が、周囲で支える人には必要となるのです。

子どもたちは、躓《つまず》く度に抱くことになる怒り・憤り、悲しみ、諦め、恨みといった感情を伴走する大人にぶつけることもあるでしょう。それが繰り返されると、大人の方が泣きたくなってしまいます。自分の無力感に苛まれ、孤独を感じることもしばしばです。子どもたちを振り回し、踏みつけておきながら、ちっとも助けてくれない社会や世間への怒りもふつふつと沸いてきます。子どもに立ち直ってほしいのに、その思いが空回りして、虚しさや情けなさにとらわれ、気持ちが折れてしまうこともあるのです。

子どもが大好きで、子どもの笑顔のために全力で頑張っている人ほど、実はとても疲れ、傷ついていきます。子どもに寄り添うために、自分の心を砕くのですから、子ども本来の力を取り戻してほしくて、たくさんの愛とエネルギーを注ぐのですから、ある意味、当然なのかもしれません。

これから続くページには、子どもをエンパワメントする働きに直接、間接的にかかわってきた人たちのストーリーと証言、メッセージや知恵が収められています。色んな年代、色んな剝奪と貧困に直面する子どもとの失敗や成功例がそこには描かれています。ぜひ、そこからくりかえし、「子ども自身のエンパワメント」とは何かを学んでいただきたいと願います。実際に子どもたちとかかわる前に、また、かかわりながら、大人が「学ぶ」ことは、状況を理解分析し、自分のしていることを客観化するために必要なことです。それはバーンアウトしないで働きを継続していくためにも、とても大切なことなのです。

最後に、子ども自身のエンパワメントをめざす働きは、わたしたち大人の希望となります。なぜなら、生きる力を取り戻した子どもの輝く笑顔は、今度は、わたしたち自身（大人）に力を与えてくれるからです。その力は、子どもと共に生きるすべての大人をエンパワーしてくれます。わたしたちは、子どもたちに勇気づけられ、自分に与えられている力を取り戻し、この理不尽な社会の抑圧や差別の中で、「わたしを生きる」闘いを続けていくことができるのです。

小見のぞみ

目　次

第5章
今晩、泊まるところのない子どもたち
――子どもシェルターの現場から　坪井節子　120

カバー画　渡辺由香子
装　幀　熊谷　博人

第1章 子どもには守られるべき権利がある
——子どもの権利条約について

浜田進士

皆さんは、子どもの保育や幼児教育に関連する「児童福祉法」という法律を知っていますか？日本で暮らす「すべての子ども」が幸せに生きるために国が定めたきまりです。そのきまりが二〇一六年に大幅に改訂されました。

第一条　全て児童は、児童の権利に関する条約の精神にのっとり、適切に養育されること、その生活を保障されること、愛され、保護されること、その心身の健やかな成長及び発達並びにその自立が図られることその他の福祉を等しく保障される権利を有する。

第二条　全て国民は、児童が良好な環境において生まれ、かつ、社会のあらゆる分野において、児童の年齢及び発達の程度に応じて、その意見が尊重され、その最善の利益が優先して考慮され、心身ともに健やかに育成されるよう努めなければならない。
○2　児童の保護者は、児童を心身ともに健やかに育成することについて第一義的責任を負う。
○3　国及び地方公共団体は、児童の保護者とともに、児童を心身ともに健やかに育成する責任を負う。
第三条　前2条に規定するところは、児童の福祉を保障するための原理であり、この原理は、すべて児童に関する法令の施行にあたって、常に尊重されなければならない。

以上の改正のポイントは、①児童の福祉を保障するための原理の明確化、②家庭と同様の環境における養育の推進、③市町村・都道府県・国の役割と責務の明確化など、児童福祉法に「子ども権利条約」の基本理念を盛り込むことを明確化したのです(1)。

「子どもの権利条約」とは?

では、「子どもの権利条約」とは何でしょうか。国際連合の作った「子どもとおとなのよりよい関係」を築くための「地球規模の基本指針」、すなわち、「子どもにとって何が一番大切」で、子どもをどのように支援するべきかがわかる「国際的なきまり」、それが子どもの権利条約です。日本政府の訳では「児童の権利に関する条約」と言います。

この条約は一九八九年一一月二〇日国連総会で採択され、現在一九五か国、アメリカ合衆国をのぞくほぼすべての国が批准しています。人権条約上もっとも締約国数を抱えた条約で、日本も一九九四年に批准しました。二〇一九年は国連採択三〇周年、日本にとっては批准二五周年の節目の年でした。

この条約が定義する子どもとは、「〇歳から一八歳の誕生日を迎えるまでの人間」を言います。条約のもととなる一般原則は以下の四つです[2]。

（一）生命、生存及び発達の保障……すべての子どもの命が守られ、もって生まれた能力を十分に伸ばして成長できるよう、医療、教育、生活への支援などを受けることが保障される。

（二）子どもの最善の利益……子どもに関することが行われる時は、「その子どもにとって最もよいこと」を第一に考える。

（三）子どもの意見の尊重……子どもは自分に関係のある事柄について自由に意見を表すことができ、おとなはその意見を子どもの発達に応じて十分に考慮する。

（四）差別の禁止……すべての子どもは、子ども自身や親の人種、性別、意見、障がい、経済状況など、どんな理由でも差別されず、条約の定めるすべての権利が保障される。

条約には政府・自治体が子どものためになさねばならない義務と保護者の責務が五四か条にわたって書かれています。条約の項目を見れば子どもにとって何が必要なのか、子どもはどのような権利を持っているのかが一目瞭然にわかるようになっています。

子どもは権利の主人公

子どもの権利条約は「子どもには、存在するだけで人間らしく生きる力がある」という「エンパワメントとしての子ども観」を基礎に成り立っています。子どもは、生まれながらに一人ひとり違った持ち味を持っている。権利とは、その持ち味（自分らしさ）を、他人との関わり合いの中で、気づき、カタチにすることを保障するものです。子どもとはこうした「権利を行使する主体」、すなわち、だれもが尊厳ある人間として扱われる「主人公」なのです。

一方、多くのおとなたちは、これまで「すること」「できること」つまり経済成長と能力主義を大切にし、子どもの成長を支援してきました。そのような支援の根底にはどのような「子ども観」があるのでしょう。なぜなら、子どもは「もっぱら守られる存在」「もっぱら力を身につける存在」でしかなく、「あてにされる存在」「自ら関係を生み出す存在」とはみなされてこなかったからです。

けれども、子どもの権利条約として、子どもを権利の主体とし、すべての子どもは、「子どもである」というだけで次の四つの権利が国際的に保障されるようになりました。

① 生きる権利（生存権）
② 育つ権利（発達権、発育権）
③ 守られる権利（保護権）
④ 聴いてもらえる権利（参加権）

図表1をご覧ください。四つの権利を条文ごとに整理したものです。さらに、条約として、五四か条の条文以外に三つの選択議定書があります。

・武力紛争における子どもの関与に関する子どもの権利条約選択議定書
・子どもの売買、子ども売買春および子どもポルノグラフィーに関する子どもの権利条約選択議定書
・通報手続を設けるための子どもの権利条約の選択議定書

なお、三番目の選択議定書に日本政府は批准していません。

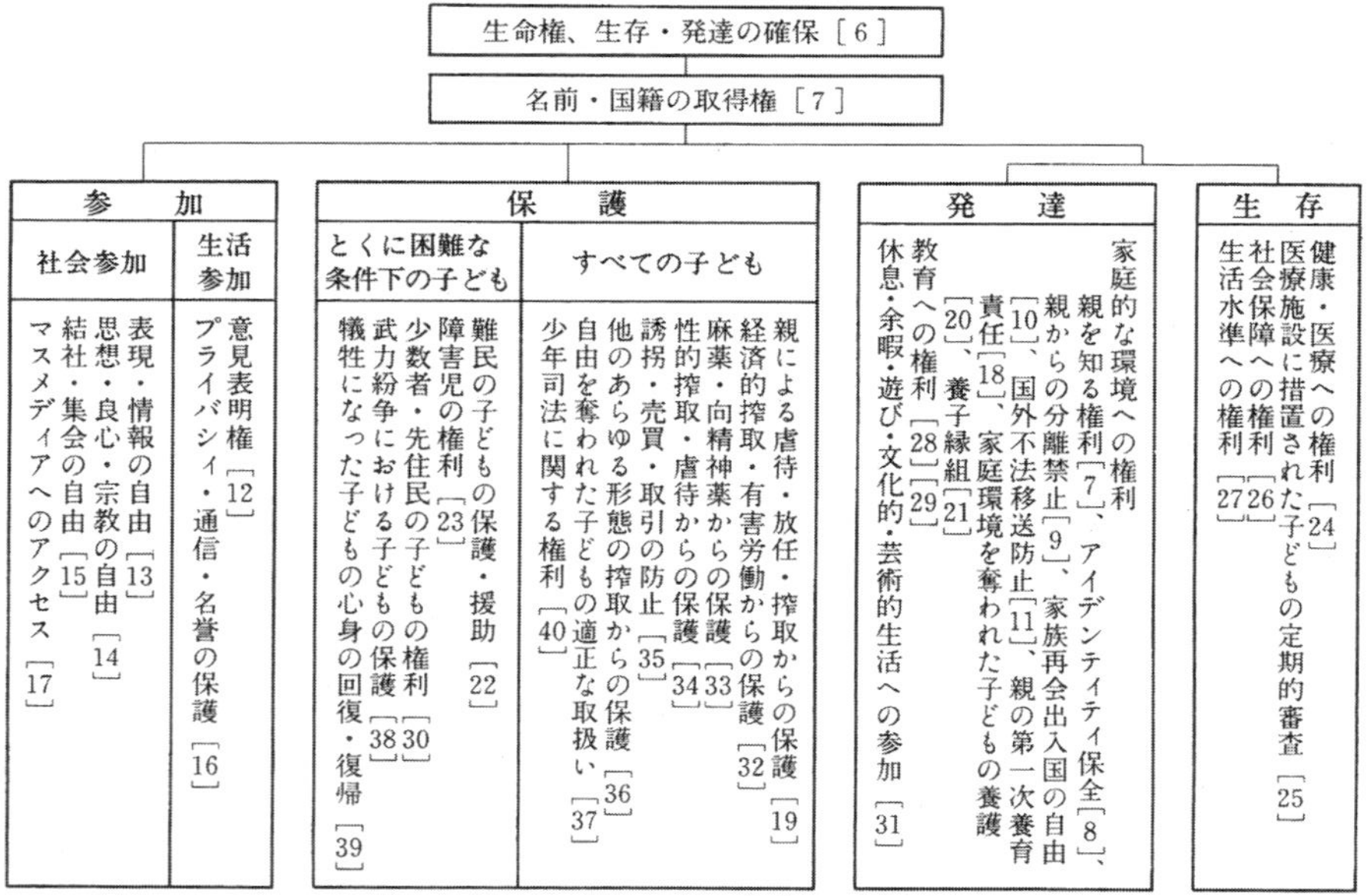

（［　］のなかの番号は条文番号をさす。喜多明人作成）

図表1　条約にみる子どもの権利内容の構成（喜多明人『わたしたちの独立宣言――子どもの権利条約』ポプラ社、1992年、177頁）

子どもの権利はセットで守られる（権利の相互連関性）

それでは、条約の四つの権利について具体例を通して考えていきましょう。

Xさんという小児がんを発病し、治療のため小学校五年生から三年間長期入院をしている一四歳の子どもがいると仮定して、Xさんが子どもとしてあたりまえに生きるために五四か条のうちどの権利があてはまるか考えてみたいと思います。

（1）生きる権利（生存権）

すべての子どものいのちが守られます。Xさんに該当するのは、第24条「健康・医療への権利」ではないでしょうか。また第25条「（病院など）施設に措置された子どもの定期的審査」とは、施設に入っている子どもは、その扱いがその子どもにとってよいものかどうかを定期的に調べてもらう権利があるということです。ある小児ガンの病院で子どもたちに聴き取りをしたところ様々な要望が出されました。お母さん・お父さんが安心して子どもの治療を続けることができる第26条「社会保障を受ける権利」、第27条「生活水準の確保」の権利も大切です。

（2）育つ権利（発達権、発育権）

育つ権利とは、もって生まれた能力を十分に伸ばして成長できるよう、医療や教育、生活への支援などを受け、友達と遊んだりすることです。どんな権利が該当するでしょうか。第18条「親の第一次養育責任」つまり子どもを育てる責任はまずその父母にあります。父親も育児家事に参加する責任があります。Xさんのような長期入院の場合でも、親が責任を果たせるよう国はその手助けをしなければなりません。さらに第28条「教育を受ける権利」が必要ですし、第31条「遊ぶ権利」も大切です。病児保育の分野では、近年では小児病棟に病棟保育士が配置されるなど、大きな発展を遂げてきました[3]。

(3) 守られる権利（保護権）

守られる権利とは、暴力や搾取、有害な労働などから守られることです。Xさんは長期入院が続く中で、放任されてはいけません（第19条）。小児ガン治療による脱毛によりいじめにもあうかもしれません（第36条）。後遺症がのこり障害をもって暮らす場合は「障害のある子どもの権利」が必要です（第23条）。そして何らかの被害にあった子どもが心やからだに受けた傷を回復し（第39条）、社会に戻れることは当然の権利、「あたりまえ」のことです。

(4) 意見を聞いてもらえる権利（参加権）

小児ガンとはどんな病気なのか？　どんな治療や検査が実施されるのか？　どんな副作用があるのか？　お友だちといつまで会えなくなるのか？　そんなことを知られないままXさんは入院するこ

となりました。子どもの権利条約には、第13条「自分にとって必要な情報を「求め」「受け」「伝える」自由」があります。第12条「子どもの意見表明権」を踏まえて、小児ガン病棟では、子どもの意見をくみとるために適切なケアができるよう十分な訓練を受けた、十分な人数のスタッフを配置しなければならないとされています。また、保護者も子どもに対して、子どもにわかりやすい言葉で説明する責任があります。子どもの希望に添えない場合は、できない理由をわかりやすく説明する責任があります。

さらに、第16条「プライバシー・名誉の保護」とは、子どもに関する個人情報（入院中の写真を含む）をおとなが勝手に入手したり、流したりしてはならないという権利です。子どもは他人から誇りを傷つけられない権利があります。そして、同じ仲間と出会い、交流し、団体をつくり、情報を発信する権利（第15条）があります。

どうですか？ 小児ガン病棟で過ごすXさんを守るためには、たくさんの子どもの権利が必要なことがわかっていただけたと思います。生きる権利、育つ権利、守られる権利、そして意見を聞いてもらえる権利の四つがそろって命を守られることで、Xさんは自分らしく入院生活を送ることができます。このとき大切なのは、子どもに起きている問題をおとなの都合でバラバラにせずに包括的にとらえる必要があるということです。

権利条約は、このことを「子どもの権利の回復のためには、権利の行使と支援を包括的にとらえ、それぞれの相互に関連付けながら実施されなければならない」と説明しています。

子どものチカラを支える三つの条件

子どもには「チカラ」があります。そのチカラは、子どもが何かを「すること」「できること」から生まれるものではなく、ここに「あること」「いること」から生まれる力です。

東日本大震災直後の二〇一一年四月初め、大学の専任教員をしていた私は岩手県大槌町立安渡小学校を訪ねましたが、避難所で暮らすおとなたちは、子どもたちのことを「そこにいてくれるだけで元気をもらえる。生きる希望を感じる」と語ってくれました。津波・震災という非日常の中で、子どもたちの存在が大きなチカラを生み出していました。子どもがそこに「いること」のチカラは、「つながり」「関係」の中から生まれてくるのです。

どのようにしたら、子どもたちは自分がもともと持っているチカラ、「ここにいるだけでみんなのチカラになれるんだ！」ということに気づくことができるでしょうか。また、どうしたら虐待や体罰など暴力で傷つき権利を剝奪された子どもたちが心とチカラを回復することができるのでしょうか。そして、おとなたちも含めて、「つながりの中で生きている」ことに気づくことができるでしょうか。それは「対話すること」「聴きあえる場と関係」をつくることです。

子どものチカラを支えるためには、以下の三つの条件が必要だと考えますが、皆さんはどう思いますか？

（1）意味ある他者との出会い

子どものチカラを支える第一の条件は、「意味ある他者」（Significant Others）[4]と出会うことです。つまり、自分の気持ちをちゃんと聴いてくれるおとながそばにいてくれることが子どものチカラを支えていきます。

いま、保護者からうける児童虐待・学校での体罰やいじめ、恋人やパートナーからの暴力など、暴力にさらされている子どもたちがいかに多いことでしょうか。私は、その被害体験をおとなになる年齢になってようやく語り出す若者たちと出会ってきました。彼・彼女たちが、理不尽なこと、悲しいこと、つらいことを語るとともに、たったひとりからでも、過去に一度でも助けられた経験があったことが、なんとか生きるチカラとなっていることを学びました。意味ある他者との出会いや体験が、自分をかろうじて持ちこたえさせてくれます。だれか、たったひとりでも、自分を否定せずにともにいてくれるという関係に気づけば、人は生き延びることができます。

「あなたは必要な存在だよ」「生きていていいよ」「あなたは大切な人間だよ」「あなたは、あなたのままでいいよ」「がんばってるね」「ありがとう」と声をかけてくれる人、「意味ある他者」とは、自己肯定感情・自己評価という子どもの土台をいっしょに作る人だと考えます。おとなの役割は、おとなだけで子どもが直面する問題を根絶するとか、おとなの十全な庇護の下に常に子どもを置こうとするのではなく、問題や課題に対する子どもの参加を、不可欠な前提として受け止めることにあります。「ただそこにいるだけの人」がとても大切なのに、親も教師も「いるだけ」の余裕をなくしてしまっているのではないでしょうか。

（2）安心できる居場所があること

子どものチカラを支える第二の条件は、安心してありのままの自分を受け入れてくれる居場所があることとです。子どもたちは生きづらい環境の中で何とか頑張って生きているからこそ、頑張らなくてもいい場所が必要であり、聞いてくれるおとなと出会える場所が大切です。自分が否定されない場所のあることが、子どものチカラを子ども自ら引き出していきます。

（3）子どもを支えるシステム

子どものチカラを支える第三の条件は、子どもを支えるシステムです。どんな子どもでも例外なく「意味ある他者」と出会い、安心できる「居場所」の確保が保障される制度、すなわち「システム」がなければなりません。

その裏付けとなる理念として、二〇一六年三月二九日、児童福祉法の改正案が国会に提案され、子どもの権利条約の基本的理念が盛り込まれました。

社会的排除を是正し（公平性 equity）、子どもの意思が尊重されることが権利として認められる社会、子どもにやさしいまちづくり（Child Friendly Cities, CFC）のために、子どもの権利条約に基づく法律・子ども予算・意思決定の仕組みが全国の自治体において整備されなければなりません。

そのためにも国から下りてくる施策をただ単に実施するのではなく、自治体としての基本理念を提示し、どのように子どもを支援していくのかを市民に明確にする「子ども条例」を作ることが求められています。そして自治体は、子ども施策において、常に、子どもの権利条約の四つの一般原則である「生命、生存及び発達の保障」「子どもの最善の利益」「子どもの意見の尊重」「差別の禁止」を考慮してシステムづくりをすることが必要なのです。

権利学習の重要性

子どもの権利条約は、国連総会で採択されたグローバルスタンダード（国際基準）です。しかし、政府が批准して二五年が経過してもなかなか日本社会には浸透しません。それはなぜでしょう。「子どもの権利」と聞くと次のように誤解してしまうおとながいるからではないでしょうか。

「恵まれない子どものためのものだから、日本の子どもは関係ない」。

「意見表明権などを与えたりしたら、子どものわがままを助長する」。

「子どもは、権利より義務を果たすべき」。

けれども、こうした子どもの権利否定論は日本の多数派でも、世界では少数派であることを忘れてはいけません。

同時に、世界の多くの国々のように日本のおとなが「子どもの権利」を肯定できるようにならないと、子どもたちは「人権」や「平和」を守ることを強く主張したり、生きづらい社会を変えようとしたりすることに消極的になってしまうのです。

では、このような「誤ったイメージ」を払拭するには、何が必要でしょうか。次の二つが大切と思います。

① 子どもの権利とは何かという「権利学習」を行うこと
② 日本にも子どもたちが虐待や貧困・いじめ・性暴力など様々な場面で権利が奪われている現実があることをしっかり学ぶこと

とくに①の権利学習は、当事者の自己責任ととらえられがちな貧困問題を自分の問題として理解するためにも大切な学習です。たとえば、日本ユニセフ協会では、みんなで話し合いながら楽しく「子どもの権利条約」を学べるよう、「子どもの権利条約カードブック」を作成しています[5]。四〇の条文がわかりやすく要約されたイラストつきのカードになっているので、切り取って子どもたち同士で楽しく話し合いながら学ぶことができるようになっています（図1）。

図１　（公財）日本ユニセフ協会「子どもの権利条約カードブック」

「子どもの権利」は無条件

気をつけたいのは、権利と義務は「対」ではないということです。人権や「子どもの権利」は生来的なものであり、義務を果たせるから権利を与えるとか、果たせないからあげない、といった性質のものではありません。「子どもの権利」は「子どもである」ということだけですべての子どもに法的に認められることは「あたりまえ」のことです。

　子どもが「ひとりの尊厳ある人間」として成長していく上で必要不可欠なものとして「子どもの権利」があります。その権利が「あたりまえ」のものとしておとなや社会が保障する義務や責任があります。とくに義務は、保護者や国、行政が果たさなければならないものです。例えば、子どもの貧困対策のための法律や予算を確保することは、国や行政の義務なのです。

　それでは、子どもには責任はないのでしょうか。自分の権利を守るためには、子どもは権利を学ぶとともに、他者の権利を尊重する責任がともないます。責任は権利を実現するために手段なのです。「子どもの権利」は子どもも参加して市民一人一人が主体的につくりだし、守っていくものです。

子どもは生まれたときから、存在するだけでチカラがあります。能力、美、可能性などをもっています。しかし、現代日本の子どもたちは幼い頃から「虐待」「比較」「競争」「暴力」「いじめ」「差別」「偏見」「無視」「条件つき愛情」「過剰な期待」など否定的な力を受けて、もともとあった力を奪われているのはないでしょうか。「安心して生きる権利」「自分を信じ・他者を信頼する権利」「自分で様々な選択肢から選ぶ自由」が奪われています。外部から受けた否定的な力によって、「自分はたいした人間じゃない」「自分の悩みなんて些細なことだ」と思い込まされている状態を「学習性無力感」と言います。学習性無力感により抵抗も回避もできないストレスに長期間さらされると、チカラを奪われてしまい、そうした不快な状況から逃れようという行動すら起せなくなってしまいます。そして貧困は、子どもが権利を行使する機会を奪われた状態と言えます。

たまたま育った環境の中で、子どもが生来持っている権利を知ることなく「間違ったあたりまえ」を教え込まれ、学習性無力感に支配されている子どもたちが世界中にはたくさんいます。パキスタンの少女マララさんも「イスラームの貧しい女の子たちは、自分たちは女の子だから、中学校に行くことをあきらめている」と訴えました。マララさんを通して、子どもたちにとって「知らされない権利は使えない」ということを教えてもらったのです。

図2　「子どもの権利ノート」（左・小学生用、右・全年齢用）
東京都福祉局子供の権利擁護専門員会議作成

「子どもの権利ノート」について

社会的養護のもとで暮らす子どもたちには、児童養護施設や里親家庭で生活をスタートするときには、必ず「子どもの権利ノート」を配布することが義務づけられています。

この「子どもの権利ノート」は一九九五年に大阪府で初めて作成され、そこから日本全国の都道府県の自治体に広まりました(6)。東京都「子供の権利擁護専門員会議」の報告書(7)によると、このノートを児童福祉施設、児童自立支援施設、自立援助ホーム、ファミリーホームに入所及び里親委託されている小学一年生以上の子どもすべてに配布しているそうです。子どもが小学一年生になったときと、中学一年生になったときに、児童福祉司から説明して手渡すものですが、このノートには、施設外部の相談窓口の紹介とともに、子どもが施設や里親宅で生活する際の一七項目の権利がわかりやすく記されています。

・ひとりの人として大切にされる権利
・なぜこれからこの場所で生活するのか知る権利
・これから生活する場所について知る権利
・あなた自身や家族のことについて知る権利
・あなたのことがどのように考えられているのか知る権利
・あなたの意見や希望を言う権利
・家族と交流する権利
・プライバシーが尊重される権利
・自分の物を持つ権利
・いろいろな情報や考え方を知る権利
・いろいろな教育を受ける権利
・心と体の健康が守られる権利
・自由に考えたり信じたりする権利
・趣味、レクリエーションを楽しむ権利
・いろいろな人と交際する権利

・体罰やいじめ、いやな思いをしない権利
・性的にいやなことをされたり、言われたりすることから守られる権利

このノートには、子どもたちには守られる権利があることと、社会的養護において保障される権利を伝える役割があります。社会福祉学者の長瀬正子氏は、「同時に、権利が奪われそうになった時には行動を起こしても良いことを指南し、権利擁護システムを伝える。社会的養護という営みで育つ子どもに、その理念と仕組みの一端を伝える唯一の媒体」であると述べています(8)。

「日本の子どもの貧困」が国際連合で審議に!

25頁で、日本は子どもの権利条約を一九九四年に批准したとお話ししましたが、批准すると子どもの権利条約の内容は、日本国憲法に次ぐものとして位置付けられなければなりません。つまり、日本国憲法と子どもの権利条約の理念に合わない国内の法律や取り組みは改善しなければならないのです。

日本政府は、五年に一回、国連子どもの権利委員会に、日本の子どもの現状を伝えるとともに、子どもの課題をどのように取り組んできたかを報告する義務があります。国連子どもの権利委員会は、子どもの権利条約第43条に基づいて「条約において約束された義務の実現を達成することにつ

き、締約国によってなされた進歩を審査する」ために設置されました（スイスのジュネーブにあります）。各国における子どもの権利条約の実施状況を監視するため、条約に基づいて設置されている機関です。その主たる活動は、締約国から定期的に提出される報告書を審査し、問題点の指摘、改善のための提案・勧告を行うことです。

日本政府は、これまで一九九八年五月、二〇〇四年一月、二〇一〇年五月、二〇一九年一月と四回審査を受けてきました。国連は、日本の中で、経済的格差が拡大し、子どもの貧困が深刻になっているとの総括所見を二〇一〇年ごろから述べるようになりました。前述したように、日本で「子どもの権利」は必要ないと主張してきたグループは「この条約は、発展途上国のものだ」と訴えてきましたが、グローバルスタンダードな基準（地球サイズのものさし）で日本の子どもの権利を計ってみると、日本の子どもはいろんな形で権利が「奪われている」と国連子どもの権利委員会は判断しました。そこで、国連は、子どもに対する日本の社会保障が貧弱で、子どもの貧困の削減につながっていないと早急な改善を求めています。

子どもの貧困を解決するためには、機会の平等だけではなく、教育や福祉を通じた社会権的な平等をきちんと保障しなければなりません。そのためにも、国連子どもの権利委員会は、日本の法律をしっかり監視しています。二〇一九年一月一六日、一七日に開かれた第二三四六回・第二三四七回会合において、日本政府が提出した第四回・第五回統合定期報告書（CRC/C/JPN/4-5）を検討し、同年二月一日開催の第二三七〇回会合で総括所見を述べました。その中で権利委員会は、「児童福祉法改正」（二〇一六年）や「子供・若者育成支援推進大綱」（同年）などを評価しつつ、さまざまな勧告を行っています。具体的には、子どものための優先的予算配分、ワーク・ライフ・バランスの促進などを通じた親子関係の強化、ひとり親家庭（とくにシングルマザー世帯）に焦点を当てた子どもの貧困対策、養育費の回収措置の強化、体罰の全面的禁止などの「子どもの貧困対策に関する大綱」（二〇一四年）を実施するために必要な措置をとることなどを勧告しています[9]。

注

（1）厚生労働省社会保障審議会児童部会「児童福祉法の改正等について」平成二九（二〇一七）年一〇月六日、厚生労働省公式ホームページ https://www.mhlw.go.jp/content/12601000/000345478.pdf

（2）日本ユニセフ協会「子どもの権利条約」参照。https://www.unicef.or.jp/kodomo/kenri/

（3）田中恭子「医療的な支援を要する子どもの権利」『子どもの権利研究』第30号、日本評論社、二〇一九年。

（4）吉永省三『子どものエンパワメントと子どもオンブズパーソン』明石書店、二〇〇三年。

（5）日本ユニセフ協会「子どもの権利条約カードブック」https://www.unicef.or.jp/kodomo/nani/siryo/pdf/cardbook.pdf

（6）長瀬正子「全国の児童養護施設における『子どもの権利ノート』の現在――改訂および改定の動向に焦点をあてて」『佛教大学社会福祉学部論集』第十二号、二〇一六年三月、七三―七四頁。

（7）子供の権利擁護専門員会議「平成二五年度―平成二七年度　東京都子供の権利擁護専門相談事業活動報告書」東京都、平成二九（二〇一七）年三月。
（8）長瀬正子「全国の児童養護施設における『子どもの権利ノート』の現在」同頁。
（9）平野裕二「子どもの権利　情報サイト」https://www26.atwiki.jp/childrights/

第2章 子どもの貧困の実態と社会政策

宮本みち子

私は社会学者として、家族社会学、とくに若者の社会学について研究してきました。なかでも、「青年期のライフコースの変容」や「若年層における失業者・フリーター問題」「生活困窮者、貧困問題、社会的な孤立等の問題」について、日本および国際比較研究という仕方で取り組んできました。そこから、現代社会の抱える若者をめぐるこうした問題は、どのような養育環境に置かれてその人が子ども時代を過ごしたのかということと、深い関係があることが見えてきました。

そこで本章では、「子どもの貧困」を考えるにあたり、貧困の実態をお伝えしたいと思います。

子どもの貧困とは

まず、貧困とはどういう状態をいうのかをおさえておきましょう。貧困は、経済的資本、人的資本、社会関係資本の三つの資本の欠如・欠落した状態と定義できます。物的資源や生活に必要な資源の欠如（経済的資本の欠如）が基にあって、つながりの欠如、近隣・友人との関係性、学校・労働市場への不参加（社会関係資本の欠如）につながり、同時に低い教育水準のために雇用の可能性が低く、収入を得る能力の欠如（人的資本の欠如）がもたらされるのです。以上の三つの欠如が重なった状態にある人々が最も困難を抱えているということができます。

二〇〇七年の国連総会で、「子どもの貧困」とは単にお金がないというだけでなく、国連子どもの権利条約に明記されているすべての権利の否定と考えられる、との認識が示されました。この新しい定義によれば、「子どもの貧困」の測定は、一般的な貧困のアセスメント（しばしば所得水準が中心となる）といっしょにしてはいけないことになります。なぜなら栄養、飲料水、衛生施設、住居、教育、情報などの基本的な社会サービスを利用できるかどうかも考慮に入れる必要があるからです[1]。

貧困の増加には次の四つの事情があります。①グローバル経済化に伴う競争の激化、②失業、非自発的なパートタイム労働、有期限雇用契約、一時的労働が増加するなどの労働市場の柔軟化と不安定化、③戦後の西欧型社会モデルが弱体化・崩壊し、それまでの雇用保障、所得再分配制度を維持できなくなるなど、福祉国家路線の崩壊、④生活保持を国家の責任ではなく自己責任とする新自由主義の台頭の四つです[2]。

貧困の増加は、社会的ネットワークを持つことができず、社会参加の機会を喪失し、社会的標準とされている諸権利へアクセスできない層が増加していくことを意味しています。このような現象を「社会的排除」(social exclusion) といいます。社会的排除は、物質的・金銭的欠如だけでなく、住居、教育、保健、社会サービス、就労などの多次元の領域において個人が排除され、社会的交流や社会参加さえも阻まれ、しだいに社会の周辺に追いやられる動的プロセスを問題とする用語です。これは、一九八〇年代のフランスで最初に提唱された概念で、従来の「貧困」という概念を補完する基本理念として、欧州連合 (EU) をはじめ多くの先進諸国で使われるようになりました。その対となる用語は「社会的包摂」(social inclusion) です[3]。

「貧困と社会的排除」という現象は、年齢・性別・社会階層・人種や民族・地域によって、それぞれの特徴が見られます。そのなかで、子どもの貧困と社会的排除のリスクは先進国が新たに抱える重大な課題となっているのです[4]。

なぜ子どもが貧困に陥るのか?

第二次世界大戦後の経済発展を通して、先進国では貧困が一掃されたと広く信じられてきました。働きたい人に仕事が行き渡り（完全雇用）、賃金水準が上昇したことと、福祉国家政策がその背景にありました。

しかし、一九八〇年代に入ると貧困は急速に増加し、九〇年代にはその傾向がより強まります。経済協力開発機構（ＯＥＣＤ）の『格差拡大の真実——二極化の要因を解き明かす』（二〇一一年、日本語版二〇一四年）は、近年、グローバル化、情報通信技術の広がり、熟練労働者が優位になる技術進歩、世帯構造の変化、政府の諸政策の課題などの諸要因が組み合わさって、多くの加盟国で所得格差に影響を及ぼしている現状を詳細に分析しています。

ＯＥＣＤ加盟国の子どもの貧困率は二〇一四年に約一三％[5]で、増加傾向にあります。ここでいう子どもは一八歳未満をさし、貧困とは、各国の一人あたり可処分所得水準の中央値の半分未満の所得で生活している場合をいいます（ＯＥＣＤによる定義）。ただし、この定義は万能ではありません。所得の中央値は景気が良ければ高くなり、景気が悪ければ低くなるため、相対的貧困率だけでなく、ある時期の所得中央値を固定してそこからの所得の減少をとらえる固定貧困率も見ていく必要があると指摘されています。

貧困を示す指標には議論の余地があります。ＥＵやＯＥＣＤなどは、「物質的剝奪」という指標を使っています。生活に必要なモノやサービスを経済的な理由で享受できない状態にあるかどうかで生活水準を測る方法です。これには玩具やゲーム、修学旅行の参加費、インターネットの接続などが含まれます。日本にも、所得を基準とした相対的貧困率だけでなく、実際の暮らしを知るための指標が必要ではないかと思います。

子どもの貧困率を国別に比較すると、北欧諸国は八％前後と最も低く、西欧諸国がそれについでいます。他方、南欧諸国、メキシコ、アメリカ合衆国、トルコ、イスラエルは二〇％近いかそれを超える高い割合です。日本は一五・七％で、上位グループほどではないとはいえ、決して低くはない水準にあります(6)。

すでに述べたように、一九八〇年代の欧州では、社会的排除という概念を用いて議論するようになりました。この時期は家族の多様化・脱制度化の時期と重なっており、貧困等の諸問題は、ひとり親世帯、ひとり暮らし（単身）世帯、女性が主な稼ぎ手世帯、稼ぎ手のいない世帯の増加など、家族の変容と密接な関係をもって進行したのです。この現象は、父親・夫が家計を支える夫婦と未婚の子どもによって構成される「近代家族」が、標準的な家族モデルではなくなっていくことと同時並行して生じたのです。

一般的に、先進工業国のなかでも市場経済を重視する国の子どもの貧困率は、北欧諸国のように社会保障による所得再分配を重視する国々より高い傾向が見られます。それはアメリカとイギリスに顕著ですが、日本はこのタイプに接近しているのです(7)。

日本においては、一九九〇年代半ばから一〇年くらいの時期に実社会に出た世代を就職氷河期世代といいます。この世代が親となるタイミングとも重なった結果、貧困家庭で育つ子どもが顕在化するようになりました。親になった人々の貧困と同時に結婚して親になることのできない人々も増加しました。

もう少し詳しく見てみましょう。一九九五年に一〇〇〇万人を突破した非正規雇用の人々が二〇一五年にはほぼ倍になっています。雇用改善がいわれる近年でもその比率は増大を続けています。かつての非正規雇用は主婦のパートタイム労働が主で、夫の給与における配偶者控除を受給する資格や年金の第三号被保険者の地位を維持できる水準（家計補助水準）に抑えられていました。それがこの時期になると、この給与水準で世帯の生計を担わなければならなくなったのです。

国民生活基礎調査によれば、このような状況によって子どもの貧困率は急激に上昇し、子どもの場合は、一三・四％から一六・三％へと2・9ポイント近く上昇したのち、二〇一五年には一三・九％（約七人に一人）へとやや鈍化しました[8]。子どものいる世帯すべての平均所得は、一九九六年の七八一・六万円をピークに減少し、二〇一五年には七〇七・六万円に落ち込んでいます[9]。貧困率を決める可処分所得（給与収入から税金や社会保障費を差し引いた手取り収入）の中央値は、一九九七年には二九七万円だったのが、近年では二四五万円程度で、二〇年間で五〇万円を超える減少を遂げたことになります。一方で、子育て世帯に対する公的援助は不足し、子育て費用は増加するという悪循環が、子どもの貧困化を進めたのです。

母子世帯の半数が貧困という現実

子どもの貧困がもっとも顕著に見られるのが母子世帯です。厚生労働省の「平成二八年度全国ひとり親世帯等調査」によれば、母子世帯の母自身の平均年間収入は二四三万円で、そのうち母自身の就労収入は二〇〇万円、世帯の平均年間収入は三四八万円となっています。母子世帯の平均年間収入は「国民生活基礎調査」による児童のいる世帯の平均所得を一〇〇として比較すると、半分に満たない水準にあります。また母子世帯の母の預貯金額は、四割が「五〇万円未満」です。母子世帯の経済状態が悪い最大の原因は、母自身が働いて得られる賃金水準が低く、親族と同居するか、社会保障給付（児童扶養手当や生活保護費など）がなければ生活の維持が困難という例が多いことにあります。

このように、日本の母子世帯の貧困の直接の原因は、働く女性の賃金水準が全般的に低いことや、子どもを育てながらフルタイムの仕事に従事することが困難なことにありますが、そのほかに、離婚後の子どもに対する父親の養育費の支払い不履行が非常に多いことも原因のひとつです。母子世帯になった理由は、離婚が八割、死別が二割と離婚が多いのですが、離婚による母子世帯のうち養育費を受けているのは二四・三％と少なく、平均月額は四万三千円です。母子世帯の四二・九％が養育費の取り決めをしているにもかかわらず、不履行のケースが多いのです。

子どもの貧困は、離婚の増加など家族の変容と密接にかかわって進行しています。しかし、家族の変容は、雇用状況の悪化による家計の悪化や、メンタルヘルス（心の健康）の悪化の結果であることも少なくありません。両者は密接にかかわっているので、家族の変容が貧困の原因だと単純にいうこともできない点に注意する必要があります。

国際的に見ると、離婚率の高い先進国で貧困化する子どもが増加しています。しかしすでに述べた通り、離婚と子どもの貧困がストレートに繋がるわけではありません。むしろ、貧困が離婚や親の行方不明など家庭崩壊をもたらし、それがさらに貧困を悪化させているのです。離婚をとりまくダイナミズムを理解して公的支援をするかどうかで、母子世帯の貧困率に違いが生まれることを知る必要があります。

ところで、他の先進諸国と比較すると日本の母子世帯の母親の就業率は高く、八割強が働いています。生活保護を受給している母親でも半数は働いているのです。イギリスの母子世帯の母親の就業率が約五割、アメリカやスウェーデンでは約七割という数字と比較しても日本の母親の就業率は非常に高い状態にあります。これは、母子世帯に対する所得保障の機能が弱いことを表しています。

近年では、不利な諸条件を抱えた若者の早婚（多くが妊娠後に結婚を決める「婚前妊娠結婚」「できちゃった婚」）が結婚後の貧困につながり、それが離婚を誘発しているとも指摘されています。つまり、安定した結婚生活を維持する条件に欠ける家庭が離婚に追い込まれ、その後の母子の生活も急速に悪化するというメカニズムです。

なお、高卒以下の女性は短大卒以上の女性と比べて、離別経験のリスクが近年ほど高まっているといわれます[10]。また、ひとり親世帯の学歴水準は全般的に上昇しているにもかかわらず、低学歴層の占める割合がいまなお高いことから、ひとり親世帯内部の所得格差が拡大していると指摘されています。[11] しかも低学歴層の経済状況が特に悪化していることから、ひとり親世帯の脆弱性は、女性の労働問題やジェンダー規範が原因であるだけでなく、ひとり親世帯が低学歴階層の人々を中心に構成されることで生じる階層問題として捉えなおすことができるのです。

子どもの貧困の背後にある脆弱な女性労働

貧困化する母子世帯の増加は労働市場における低賃金・不安定雇用労働者の増加と深くかかわっていると書きましたが、その構造を見てみましょう。

図1は、年齢別就業率を男女別に見たものです。日本が欧米諸国と異なるのは、労働市場へ参入する女性が増加した時期が、安定した雇用の減少する時期と重なったことにありました。そのため、一気に女性非正規雇用者の増加となったのです。一九八〇年代の非正規労働は、その大半が主婦のパートタイマーで、非正規労働の問題は既婚女性の労働問題でした。ところが一九九〇年代後半以後、非正規雇用が若い男性にまで広がってきたために、問題は若い男性に焦点化されることになりました。しかし実は、非正規雇用は若い女性の方に顕著だったのです。

しかも、女性のおかれた環境の変化は労働の世界とともに家庭という世界でも生じました。結婚して自分自身の家族を形成することが自明のことではなくなったのです。[12] 一九九〇年代以後の社

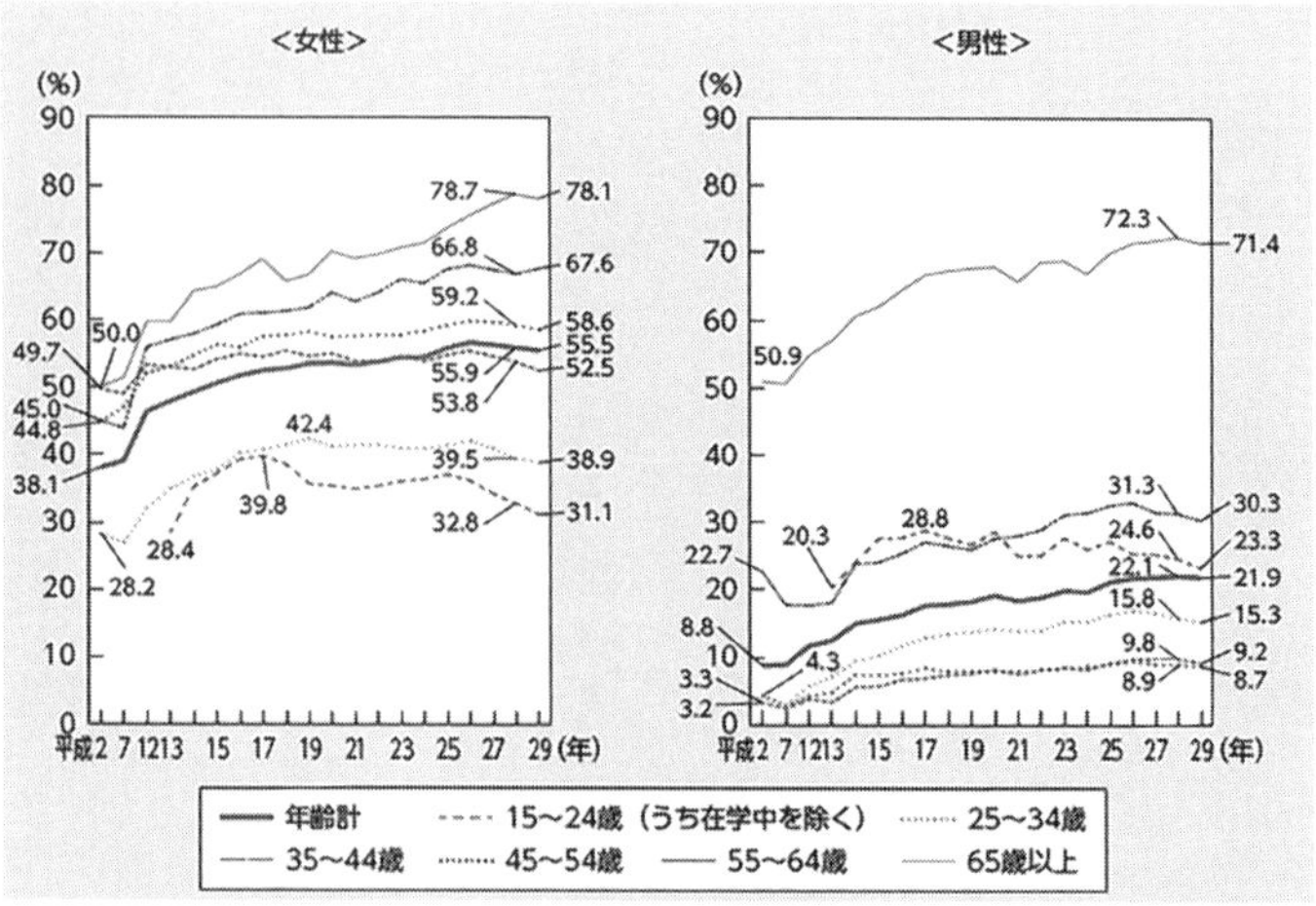

図１　男女・年齢別非正規雇用者の割合の推移（平成30年度男女共同参画白書、I－2－6図）（内閣府男女共同参画局 http://www.gender.go.jp/about_danjo/whitepaper/h30/zentai/html/zuhyo/zuhyo01-02-06.html）

会変化は女性の生活保障の枠組みを大幅に変えました。結婚に関していえば、自由度と選択性が高まる一方で、低賃金・不安定雇用から結婚（家族形成）できない人々が急増しました。非婚化は若い男性に顕著だったのですが、そのことは当然ながら結婚できない女性たちを生んだのです。離婚も増加しました。女性の生涯未婚率および子なし率は上昇を続けているのですが、将来、経済的に不安定で親族も少ない高齢女性が増加する時代がくることが予想されます。

　不安定就業の拡大に関しては女性に特有の状況があります。若年女性の労働者・職業人としての自立は複雑です。一方で、労働市場は女性労働を求めるという現象を引き起こしています。ところが稼ぎ手として社会的に承認を受ける男性と違い、女性には常に家事や子育てというジェンダー役割が負わされ、女性の自立を阻むのです。しかも下層にしばしば見られるのは、家族内での娘に対する家父長的支配で、経済的・非経済的収奪にさらされがちです。さらに職場でも性的ハラスメントやパワーハラスメントの対象となりやすい状況があります。つまり、女性はあらゆるところでさまざまな形態の暴力にさらされているのです。[13] 子どもの貧困の背後に、女性の置かれたこのような状態があることに注意する必要があります。

減少するふたり親世帯の所得

子どもの貧困は必ずしも母子世帯にのみ見られるものではありません。子育て世帯の貧困化が進んだのは、ひとり親かふたり親かにかかわらず低所得世帯が増加したからです。貧困世帯の子どもの七割がふたり親世帯で育っていることは、海外と異なる状況といえます。

不安定雇用で働く人々が増加するにしたがって、父親が非正規である世帯の所得が減少しました。この世帯の子どもの貧困率は三三・四％に達しています。なかでも、父親が若い（特に二〇代）世帯の貧困率が特に高いのですが、その場合、たとえ母親も働いていたにしても、低賃金の非正規雇用が多いために、貧困から脱出できない状態にあります。そのうえ、保育所が不足していることや保育料が高いという問題が加わり、共働きができない世帯ほど生活が苦しいという実態です。一方、父親が正規雇用である世帯の子どもの貧困率は六・七％に留まっています。子どものいる世帯に限らず、成人全員が働いても社会の一員として生活するには所得が不足している相対的貧困を脱却できない世帯の率は一二%で、海外と比べても高い比率です[14]。ふたり親世帯は母子世帯のような児童扶養手当が受給できず、いざという時は生活保護に頼る選択肢しかないというのが実態なのです。

子育て世帯のなかで貧困が固定化しやすいのは、低学歴、母子世帯、有配偶でも夫の就業が不安定な場合です。学歴が低いほど貧困率は高く、高校中退を含む中卒者の約三割は貧困な状態にあります。本人の学歴は親の学歴と相関しています。このようなケースの場合、夫婦の実家にも援助できる余裕がないことや、不安定就業から脱出できるだけの教育水準や職業能力の未形成、文化的資源の乏しさなどが重なって、世代を超えて貧困が継承される傾向が見られることに注意する必要があります。

強まっている貧困の連鎖

家庭の貧困は、単にお金がないという問題に留まりません。子どもの虐待やドメスティック・バイオレンス（DV）、精神疾患その他の病気、自殺念慮（死にたいと思う気持ち）、犯罪、破産による家庭崩壊など、さまざまに複合的な困難が絡まっていることが少なくありません。そのことが、子どもの成長を阻害する家庭環境となり、子どもの将来を不安定なものにしているのです。

子どもの貧困を見る際、貧困が一代だけの現象なのか、それとも親の代から続いているものなのかは重要な点です。実際には貧困の固定化と世代間連鎖の傾向が強まっているのです[15]。子ども期の貧困が成人後の生活困難（デプリベーション）に負の影響を及ぼしている実態に関する阿部彩氏の分析を見てみましょう[16]。

東京都が二〇一六年に実施した「子供の生活実態調査」は、親が若い世代ほど、子ども時代の貧困が継承され、貧困から抜け出せない傾向つまり貧困の連鎖が強まっていることを明らかにしています。この調査は、東京都内の四自治体の小学五年生、中学二年生、一六―一七歳の年齢層を住民基本台帳から抽出し、本人とその保護者に対して郵送調査にて行われました[17]。その分析によると保護者とその親の経済状況の関係についてつぎのような傾向が見られるといいます。子どもの母親が一五歳時点での暮らし向きと、現在の暮らし向きの関係を母親の年齢層を五段階に区切って分析した結果、現在の困窮層[18]の母親の一七・五％は一五歳時点において「大変苦しかった」と答えており、一般層[19]の四・一％に比べて大幅に多いのです。そこに「やや苦しかった」を合わせると、現在の困窮層では三八・四％の母親が一五歳時点で苦しかったと答えています。注目すべき点は、母親の生まれ年によってその様相が異なることです。図2を見て下さい。一九八〇年以降に生まれた母親においては「苦しかった」割合がそれより早い出生世代に比べて高くなっています。それより上の生年世代間では大きな差は見られません。つまり、比較的若い母親（調査時で三一―三六歳）は、バブル崩壊後の日本経済の厳しい時代に育ってきて、貧困の中に育った割合も高いのです。さら

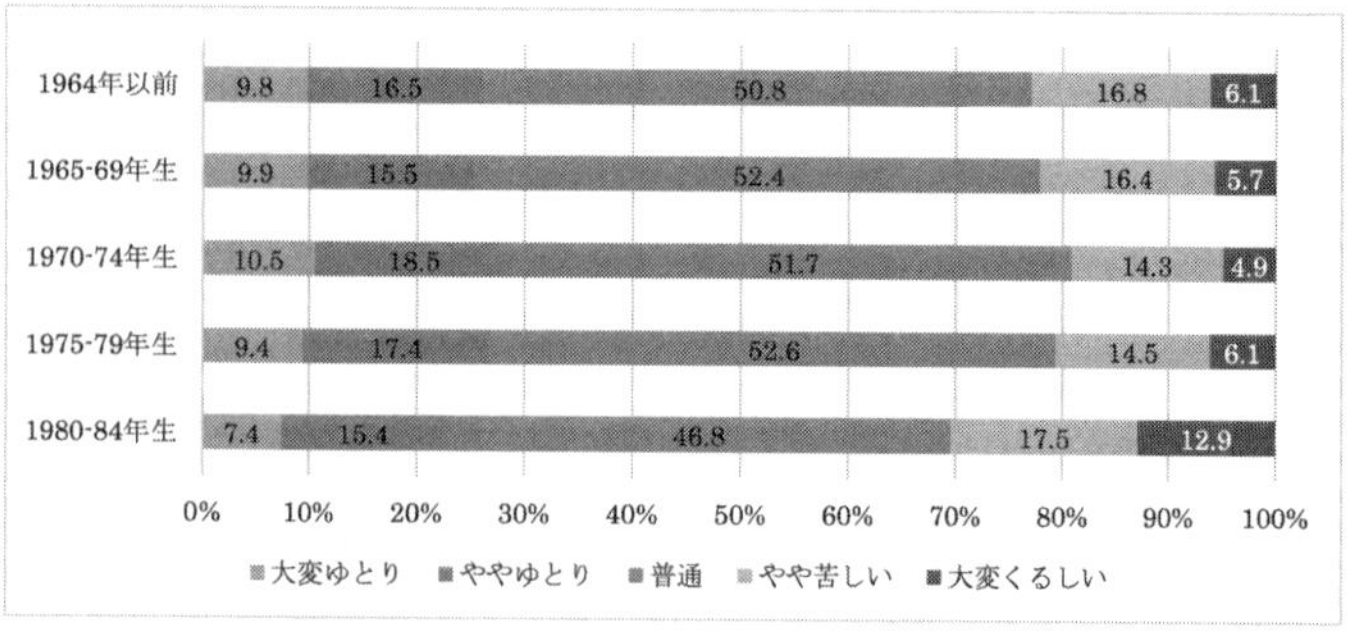

図２　母親の15歳時の暮らし向き（小学5年生、中学2年生、16-17歳合体）：母親の出生年代別

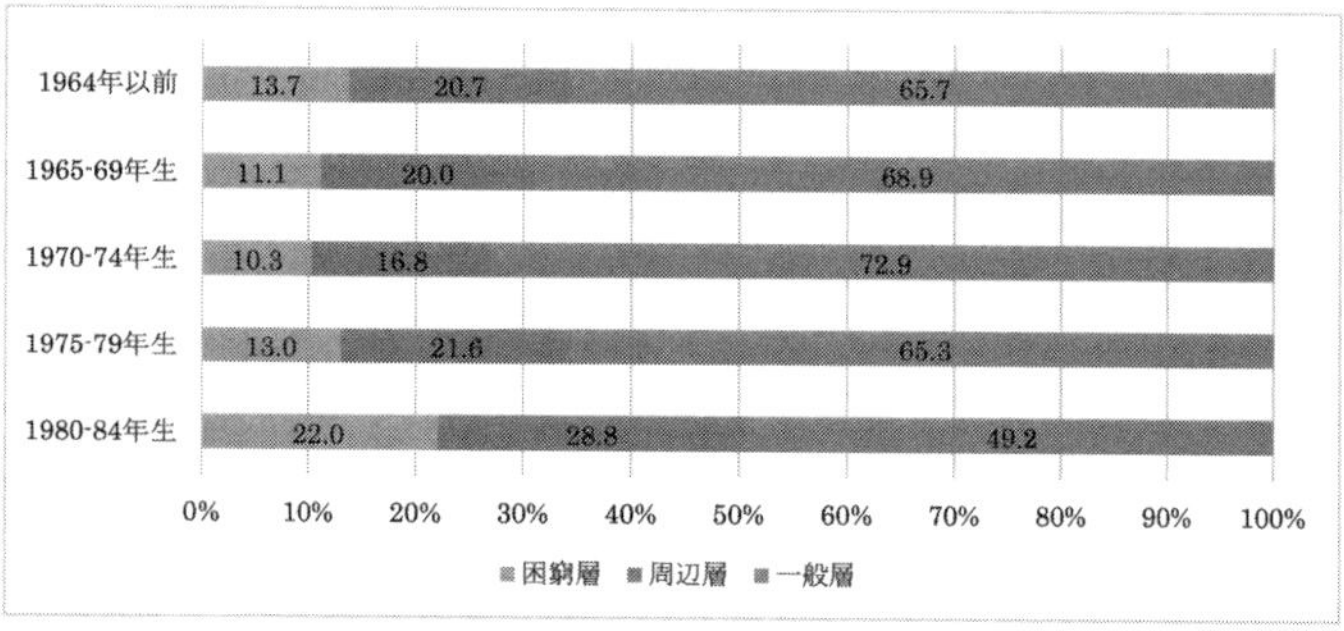

図３　母親の15歳時点での暮らし向きが「大変苦しい」、「やや苦しい」層の現在の生活困難度（小学5年生、中学2年生、16-17歳合体）：母親の出生年代別

図２、３ともに阿部彩「東京都受託事業「子供の生活実態調査」詳細分析報告書」（2018年3月）より、第一部「世代を超えた不利の蓄積」第一章「貧困の連鎖の現状」５、６頁。
http://www.fukushihoken.metro.tokyo.jp/joho/soshiki/syoushi/syoushi/oshirase/jittaityousabunseki.files/zentaiban.pdf

に、図3の通り、一五歳時点の暮らし向きが「苦しかった」母親の生まれ年別内訳を見ると、一九八〇－八四年生まれの母親のうち、現在一般層になっているのは約半数に過ぎません。その上の世代は、一五歳時点で苦しかった母親の七割前後はその後一般層になっていることと比較して明らかな差があります。

阿部氏は分析結果から、バブル崩壊と就職氷河期より後の世代では、子ども時代の生活困窮が家族形成後の生活困窮へと継承される度合いが強まっていると指摘しています。これを子どもの側から見ると、困窮層の子どもの四割ほどは、親の世代も困窮状態だったことがわかるのです。

子どもの貧困は何をもたらすか——イギリスの場合

子どもの貧困は国にどのようなリスク（損失）をもたらすのでしょうか。ここでは、国を挙げてこの問題解決に取り組んだ一九九〇年代末から二〇〇〇年代のイギリスをとりあげてみましょう。イギリスで貧困と社会的排除への取り組みが本格的に開始されたのは、労働党が政権に復帰した一九九七年で、この頃イギリスの子どもの貧困率は非常に高かったのです。この年はEUで社会的排除への取り組みが開始された年でもありました。この年、ブレア首相直属の省庁横断的な機関として社会的排除防止ユニットが開設され、国内の実態調査が開始されました（二〇〇六年には社会的排除特別対策本部へと継承）。開設以後四〇におよぶレポートが提出され、それを元にいくつかの施策が始まりました。なかでも子どもの問題は優先度の高いテーマとなり、二〇〇〇年代を通して、積極的な取り組みが続きました。特に、二〇〇四年に「すべての子どもが大事」（Every Child Matters）と題する政府レポートが提出され、それ以後の子どもに関する社会サービス改革の要となりました。

これら一連の改革の前提になったのは、不利な環境のもとで子ども期を過ごした子どもが不利な条件を抱えて成人に達している実態（「不利の再生産」、または「貧困の世代間連鎖」）でした。一九七〇年生まれを対象にした縦断調査（同一対象者を対象とする継続調査）の結果から、子どもにダメージを与える大きな要因として次の七つがあげられています。

①親がひとりも就業していない世帯
②質の悪い過密な住宅に居住
③親に職業資格がないこと（イギリスは国が定める職業資格制度がある）
④母親の精神疾患
⑤親の重病、障がい、虚弱
⑥低所得（全世帯の中位所得の六〇％未満）
⑦食料や衣料を購入できない貧困

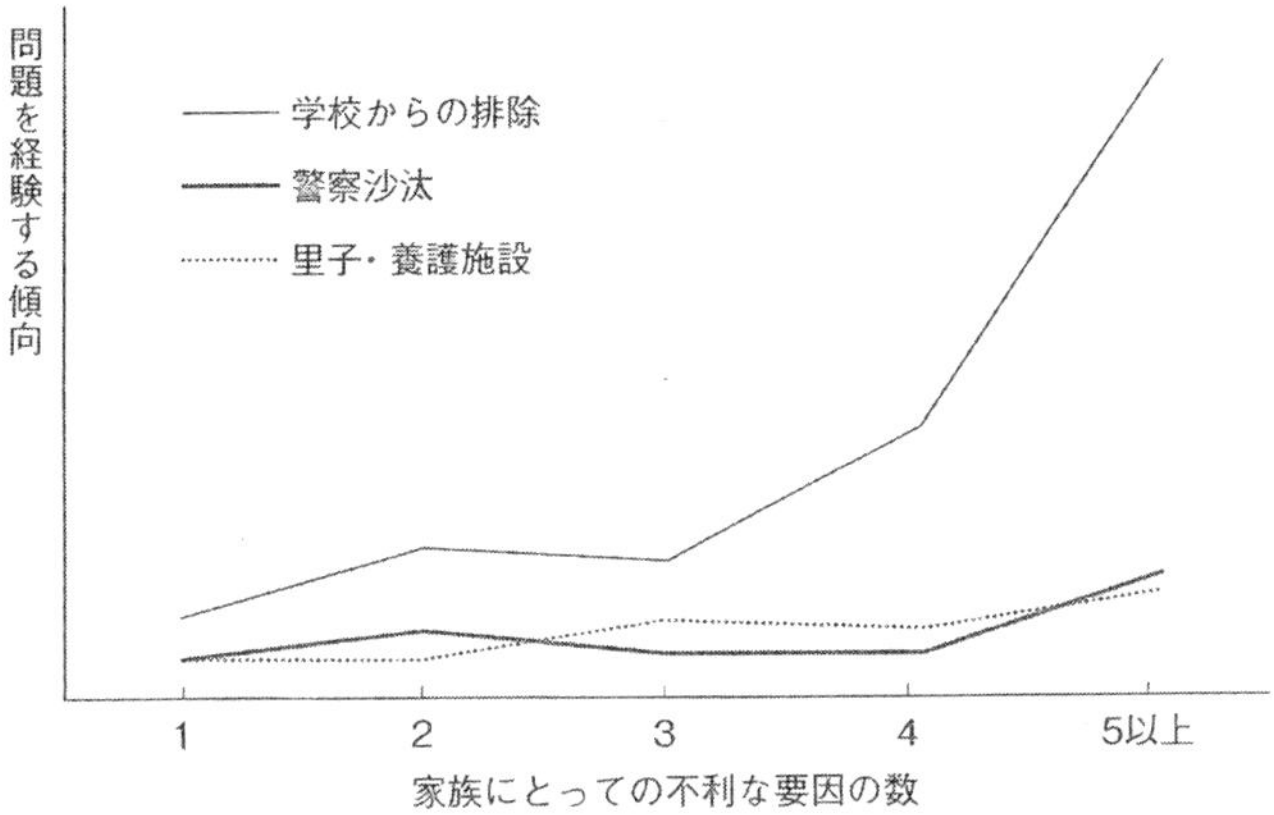

図4　家族にとって不利な経験と社会的排除のリスク（*Policy Review of Children and Young People: a discussion paper*, HMSO, 2007）

二つの縦断調査の結果を用いたイギリス政府の分析結果を紹介します。図4は、一三―一四歳で、五つ以上の不利を抱えた家庭に育った子どもが、何もない家庭の子どもと比べて三六倍も学校から排除される傾向があり、里親か養護施設での生活を経験しているか、警察沙汰の経験を六倍も多くしていることを示しています[20]。また、図5（次頁）は、子どもが三〇歳の時点で複合的な生活困難を経験する割合は、子ども時代に四つ以上の不利を経験した場合には七〇％にも達するのに対して、その経験をしていない場合は五％と少ないことを示しています。

表1は、親子関係を通じて子どもが被るリスクが、子ども自身と社会の両方にどのようなコストとなるかを、イギリス政府が試算した結果をまとめたものです。子どものリスクを放置することは、子ども自身のコストとなるばかりで

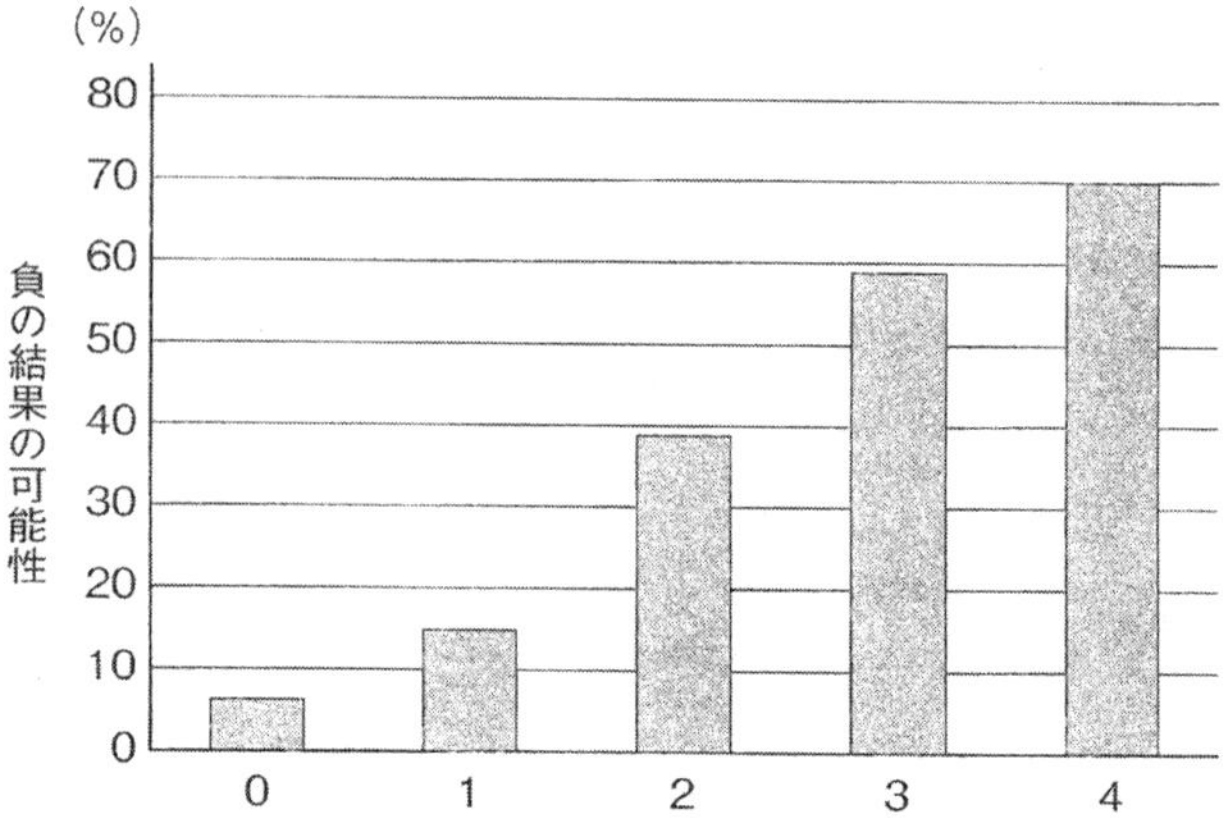

図5　30歳の時点での複合的生活困難の可能性（*Policy Review of Children and Young People: a discussion paper*, HMSO, 2007）

なく、社会から排除され底辺に沈殿する層を生み出すことによって社会の統合性が脅かされ、そこから発生する膨大なコストを社会は負担しなければならなくなるというのです。

イギリスは、一九九〇年代末から社会的包摂策を進め、経済給付制度の強化、最低賃金水準の引き上げ、公共サービスの向上、教育・雇用・職業訓練への投資強化と、特に子どものいる家庭の貧困対策を強化した結果、確実に成果が上がったと評価されています。成果のなかには、子どものいる世帯の貧困率の低下、無業者世帯に育つ子どもの数の減少、一一歳から一五歳の子どもの喫煙率の低下、一五歳から一七歳の女性の妊娠率の低下などがあります。また、一一歳児の国語の成績や一六歳児の全国学力テストの成績の上昇、さらに里親家庭・養護施設の子どもの成績の向上などの成果が見られました。

子どものコスト	社会のコスト
親子関係から生じるリスクは子どものライフチャンスを破壊する。 ・最もリスクの高い家庭出身者は、30歳の時点で、上位半数の者の50倍以上の複合的な問題を抱える。 ・父親が刑務所に入った少年の63%が、同じ結果となる。 ・無業の両親の子どもの61%が貧困である。 ・10歳で読書力が最低グループの子どもの親も、読み書き能力が低い。 ・親子間の葛藤や家庭内暴力を経験した子どもは、非行と暴力や犯罪に関係する傾向がある。	排除の否定的結果は、巨額の経済的社会的損失をもたらす。 ・年間34億ポンドが反社会的行動に費やされる。 ・学校からの排除は406万ポンドと推計。 ・16〜18歳で、教育・雇用・訓練に就いていない者への支援に81億ポンドが費やされる。 ・里親家庭や養護施設出身者が、そうでない者と同様に学校・雇用・訓練に従事すれば、3年間で300万ポンドを節約できる。 ・10人に1人の犯罪者にもし効果的な早期介入があれば、100万ポンド以上の節約ができる。

表1　親子関係を通じて子どもが被るリスクとそのコスト
Cabinet Office/ Social Exclusion Task Force: Families at Risk, 2007

しかし、複合的なリスク要因を抱える生活困難度の高い社会階層の改善は見られないという問題が残りました。産業構造が高度化するなかで、職業資格もスキルももたない人々への労働力需要はますます減少し、社会の底辺に沈殿していくという問題は残念ですが解消されていないのです。

貧困の世代間連鎖を絶つこと

イギリスでは、貧困と社会的排除が親から子どもへと世代的に継承されていくことを危惧し、「貧困の世代間連鎖を断つ」ことが重要なスローガンとなりました。幼少の頃の貧困その他の不利がその後の成長過程にマイナスの影響を及ぼすことを阻止する「確かな出発」(Sure Start)という施策はその一環でした。対象年齢は〇歳から四歳で、子どもの環境を改善するための包括的な支援策です。「確かな出発」を含めて、二〇〇〇年代に入ってからのイギリスでは、生まれた時から成人に達するまでの一貫した地域支援体制を確立する改革が進みました。特に複合的な困難を抱えている人々に対しては、関係諸機関・団体・支援者がチームで対応する必要があると認識され、チームの中心となる担当者が、コーディネートの役割を果たすことが強調されました。また、対象者に関するデータを支援諸機関が共有することによって、重複がなく漏れのないサービスの実施をめざし、学校、職業訓練機関、福祉、保健医療、警察、若者支援サービスなどの機関が協力する体制を構築したのです。

二〇一〇年ブラウン労働党政権下で、「子どもの貧困対策法」（Child Poverty Act 2010）が制定されます。この法律は、子どもの貧困削減目標を明示し、政府にその達成義務と進捗状況の報告義務を課しました。また、政府に子どもの貧困委員会を設置し、地方自治体の責任も明確にしました。しかし、キャメロン保守党政権による二〇一二年、二〇一六年の法改定で重要部分が削除され、子どもの貧困法は実質上廃止されるに至ります(21)。

子どもの貧困を解消するための取り組み

日本では二〇一三年六月に子どもの貧困対策の推進に関する法律が成立し、教育の支援、生活の支援、保護者の就労の支援、経済的支援等の各施策が推進されてきましたが、中でも幼児教育・保育の無償化や高等教育の修学支援新制度等、教育面の支援の進捗が見られました。しかしその一方で、今なお支援を必要とする子どもやその家族が多く存在し、特にひとり親世帯の貧困率は先進国の中でも高い水準にあります。また、ふたり親世帯の貧困率はひとり親世帯より減少率が低い状態です。各地で、子どもの貧困対策として様々な取り組みが広がる一方で、地域による取り組みの格差が拡大してきたことも課題です。その実態を踏まえて、二〇一九年七月に法律改正が行われ、より充実した内容へと整えられました。

では、子どもの貧困の解消に向けて何をする必要があるのか整理してみましょう。第一は、親の妊娠・出産期から子どもの社会的自立までの切れ目のない支援です。子どもの心身の健全な成長を考えたとき、親の妊娠・出産期から、生活困窮を含めた家庭内の課題を早期に把握した上で、適切な支援へつないでいく必要があります。また、乳幼児期から義務教育へ、更には高校教育段階へと、問題発見と支援を切れ目なくつなげていかなければなりません。さらに、高校や大学等へ進学したとしても、中途退学等により就業や生活の場面で困難をきたす場面も見られます。したがって、高校・大学等を卒業、就職して、社会的に自立できるまでの支援体制を構築することが必要です。

より具体的にいえば、子どものライフステージに応じ、母子保健サービスや保育施設、学校における支援、地域での子育て支援、居場所の提供・学習支援、若者の就業支援、保護者の就業・生活支援等が有機的に連携し、切れ目なく必要な支援が提供される仕組みをつくることが鍵となります。そのためには、関係機関が必要な情報を共有し連携を進めることが重要であり、そのための人材育成を進める必要があります。

第二に、支援が届いていない、あるいは支援が届きにくい子どもや家庭への支援を強化する必要があります。支援の現場には、衣食住の基礎的なニーズが満たされない生活をしている世帯や、親が働いていても生活が困窮している世帯もあります。また、虐待その他の理由により社会的養護を受けるに至った子どもたちの中には、生活困窮の家庭に育ち、早い段階での介入・保護がなかったために立ち上がることができない例もあり、施設を出ても自力で安定した生活を営めず、貧困の連鎖を起こすこともあるのです。周りが、こうした声を上げられない子どもたちに気付けるかという視点が必要で、早期に発見して、早期に手を打っていくための様々な把握のツールを準備しておくことが必要です。

子どもの貧困に対する社会の理解を広めること

近年、各地域で子ども食堂の取り組みが行われるように、子どもの貧困に関する社会の認識は広がったとはいえ、子育てや貧困は家庭の自己責任という考え方も未だ根強く存在しています。子どもの貧困を解決するには、対策に関わる当事者だけでなく、社会全体の理解を深めることが欠かせません。まずは、行政、学校、保健福祉等の専門機関が率先して、社会全体で受け止めて取り組むべき課題であることを位置づける必要があります。また、どんな環境にあっても前向きに伸びようとする子どもたちを支援する環境を社会全体で構築し、国、地方公共団体、民間の企業や団体、地域住民等が、それぞれの立場から主体的に参画できるようにしていく必要があります。

子どもの貧困対策には社会保障制度の充実が重要です。日本の社会保障制度は高齢者関係の比重が大きく、福祉関係（家族、失業、住宅など）の割合が小さいのです。図6を見てください。社会保障給付費のなかで住宅、失業、積極的雇用政策（職業教育・訓練と就職支援など）、家族（児童手当、保育など）に関わる支出の割合が低いことがわかります。これらの支出と並んでＧＤＰに占める教育費の公的支出の割合も低い状態です。子どもと親の人生前半期のニーズに応える社会保障制

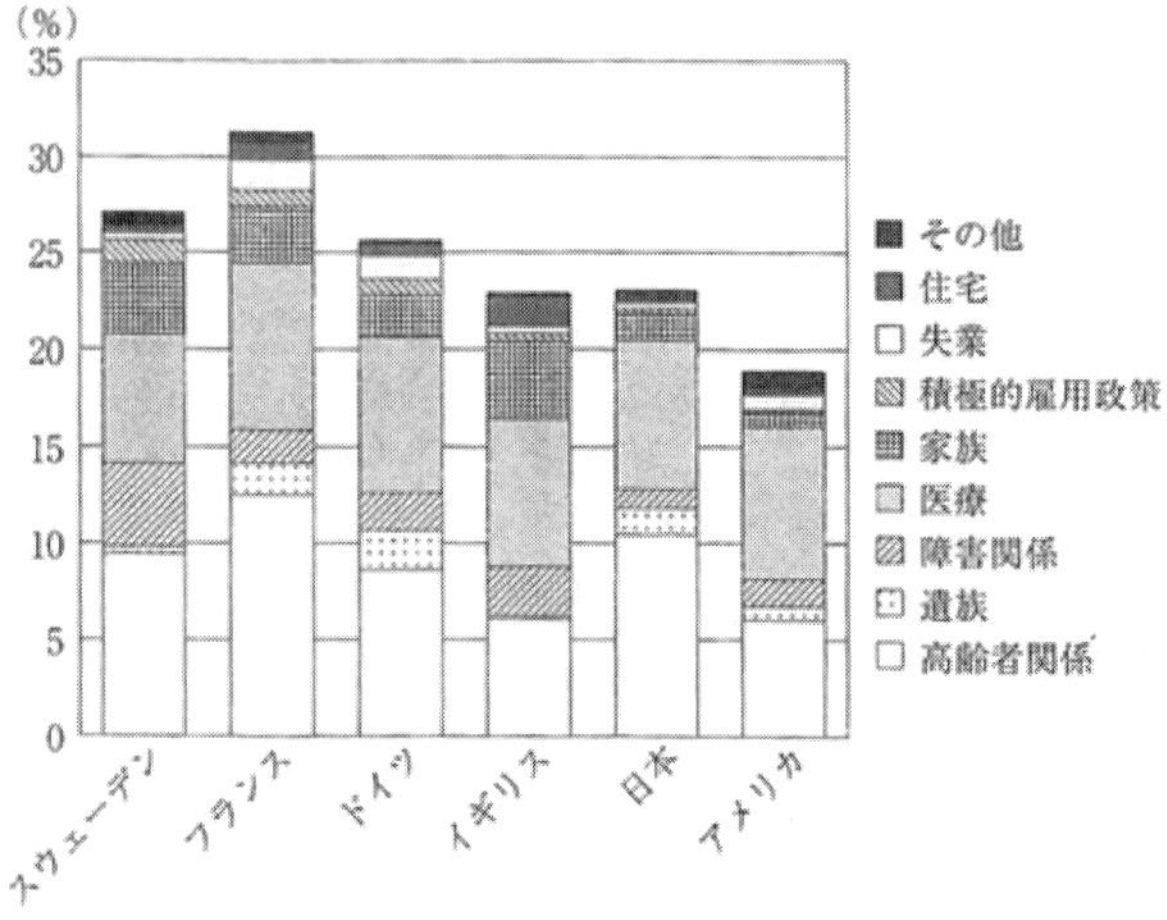

図６　「社会保障給付費（社会支出）の国際比較（対ＧＤＰ比）」2011年（広井良典「人口減少社会の社会保障」『人口減少社会の構想』宮本みち子・大江守之編、放送大学教育振興会、2018年、263頁）

度への転換を図ることがこれからめざすべき方向といえるのです[22]。

子どもの貧困を克服するために

ＯＥＣＤは二〇〇五年に「関係閣僚会議報告書」において、能動的な社会政策という概念を提起しています。この政策の目的には三つの柱があります。第一の柱は、子どもの貧困を克服し、子どもの人生はじめでの最良のスタートを保障することです。第二の柱は、親が家族責任と仕事を両立できるように社会的に支援することです。第三の柱は、勤労者の社会的排除を防ぎ、労働の機会を保障することです。

子どもと家族に関しては、つぎの四点を「能動的な社会政策」としてあげています。第一点は、子どもへの財政投入を積極的に行うことです。第二点は、子どもを養育する親、とくに母親の雇用条件の拡大を進めることです。第三点は、親の子育て負担を軽減し、仕事と子育ての両立支援を具体化することです。第四点は、出産と子育てに関する費用を社会的な責任として政策化していくことです。

このように、子どもの貧困を克服するためには総合的な施策が必要で、児童福祉政策、教育政策、女性労働政策その他の社会政策が連携して改革に当たらなければならないのです。

注

(1) 二〇〇七年に国連で決議され、国際的に定着した貧困の定義は、社会的、相対的に定義される「必要」を欠く状態を指すもので、これを「相対的貧困」という。この定義は、貧困というものは社会に参加して社会の一員として生きるという生活を想定して、そのための「必要」を問題にしていることを意味している。

(2) アジット・S・バラ／フレデリック・ラペール『グローバル化と社会的排除――貧困と社会問題への新しいアプローチ』福原宏幸・中村健吾監訳、昭和堂、二〇〇五年。

(3) 岩田正美『社会的排除――参加の欠如・不確かな帰属』有斐閣、二〇〇八年。岩田美香「階層差から見た父子家庭の実態」『季刊家計経済研究』八一、二〇〇九年、四三―五一頁。

(4) 浅井春夫・松本伊智朗・湯澤直美編『子どもの貧困――子ども時代のしあわせ平等のために』明石書店、二〇〇八年。阿部彩『子どもの貧困――日本の不公平を考える』岩波書店、二〇〇八年。

（5）現在貧困率として、ＯＥＣＤやユニセフおよび日本政府は、可処分所得分布の中央値の五〇％に満たない所得の人口比率を貧困率としている。
（6）ＯＥＣＤ編『図表でみる世界の社会問題4――貧困・不平等・社会的排除の国際比較』高木郁朗監訳、麻生裕子訳、明石書店、二〇一七年。
（7）松本伊智朗ほか編『子どもの貧困ハンドブック』かもがわ出版、二〇〇六年。
（8）厚生労働省「国民生活基礎調査」平成二八（二〇一六）年。
（9）厚生労働省「国民生活基礎調査」平成二六（二〇一四）年。
（10）Raymo, James M., Miho Iwasawa and Larry Bumpass, "Marital Dissolution in Japan: Recent Trends and Patterns," *Demographic Research* 11, 395-420.
（11）斉藤和洋「ひとり親世帯の所得格差と社会階層」『家族社会学研究』30巻1号、二〇一八年。
（12）男性就業者を正規と非正規とで比較すると未婚率は非正規が高い。また、近年の雇用不安定化が、未婚女性の希望する結婚までの期間を長期化していることが証明されている（柳下実・不破麻紀子「就業継続意向・雇用の不安定性は未婚女性の希望する結婚までの期間に影響を与えるか？――結婚意識の期間的側面」『家族社会学研究』29巻2号、二〇一七年、一四二―一五四頁）。日本の社会保障制度は家族による生活の維持が前提となっていて、家族に過大な期待が寄せられる結果、人々は結婚を希求しながらも回避・先延ばしする現象をもたらしている。
（13）小杉礼子・宮本みち子編『下層化する女性たち――労働と家庭からの排除と貧困』勁草書房、二〇一五年（第四―七章）。
（14）ＯＥＣＤ「より良い暮らし指標」二〇一四年版。https://stats.oecd.org/Index.aspx?DataSetCode=BLI2014

(15) 道中隆『貧困の固定化と世代間連鎖――子どもの社会的不利益の継承を断つ』晃洋書房、二〇一六年。
(16) 阿部彩「子ども期の貧困が成人後の生活困難(デプリベーション)に与える影響の分析」『季刊社会保障研究』第四六巻四号、二〇一一年。
(17) 阿部彩『貧困率の長期的動向――国民生活基礎調査 1985～2012 を用いて』厚生労働科学研究費補助金(政策科学総合研究事業〈政策科学推進研究事業〉)。「子どもの貧困の実態と指標の構築に関する研究 平成二六年総括報告書」二〇一五年。首都大学東京子ども・若者貧困研究センター「「子供の生活実態調査」詳細分析報告書」二〇一八年。
(18) つぎの三つの要素のうちの二つ以上の要素に該当する場合に生活困窮層としている。①低所得(等価世帯所得が厚生労働省「平成二七年国民生活基礎調査」から算出される基準値未満の世帯)、②家計の逼迫(公共料金や家賃の滞納、食料・衣類を買えなかった経験など七項目のうち一つ以上該当)、③子どもの体験や所有物の欠如(子どもの体験や所有物などの一五項目のうち、経済的な理由で欠如している項目が三つ以上該当)。
(19) 注(18)の三つの要素のいずれの要素にも該当しない場合を「一般層」としている。
(20) Policy Review of Children and Young People: a discussion paper, HMSO, 2007.
(21) 「なくそう! 子どもの貧困」全国ネットワーク編『イギリスに学ぶ子どもの貧困解決』かもがわ出版、二〇一一年。
(22) 宮本みち子『若者が無縁化する――仕事・福祉・コミュニティでつなぐ』筑摩書房、二〇一二年。

第3章 ウチナーンチュが語る沖縄の「子どもの貧困」

――沖縄から見る子どもの人権と平和

糸洲理子

現代社会において、個人の尊厳と人権を尊重することは最も重要なことです。しかし、現実の社会では地域紛争や難民問題、子ども兵士、子どもの人身売買、児童買春、児童労働、性差別、ジェンダー問題、先住民族・少数民族問題など様々な子どもに関する人権問題があります。特に、日本国内の子どもや保育・教育に関する問題として、児童虐待やいじめ、不登校問題、子どもの自死、在留（在日）外国人の子どもの就学問題などがあります。なかでも、近年の経済不況により所得格差が拡大していることによる「子どもの貧困」は重大な問題です。

本章では、子どもの人権が問われる社会情勢の中で、教育と保育に関わる沖縄人（ウチナーンチュ）である筆者が沖縄から見る子どもの人権と平和についてお話します。

沖縄県内の子どもの三人に一人が貧困

幼稚園教諭として障害児教育に携わった青木道代氏は、一九七〇年にいち早く幼児の人権を尊重する保育の実現を訴え、「『幼児』にとって代表される、この社会で最も弱く、自ら守る力を持たぬ人間が、先ず保護され、おちこぼれなく大切にされる社会、国家、それこそが真の民主的、平和的社会、国家」であると提言しました。[1] しかし、現実の国内外の子どもを取り巻く社会状況は青木氏の指摘に反して危機に直面しており、子どもの発達や生育環境が脅かされています。本来、安定した環境において保障されるべき子どもの生存や発達が侵害されると、子どもの人格形成に重大な影響を及ぼす可能性があります。

二〇一四年七月、厚生労働省は二〇一二年時点での日本の子どもの「貧困率」（相対的貧困率）が一六・三％と公表しました。[2] 日本では、子どもの六人に一人が貧困の状態にあり、経済協力開発機構（ＯＥＣＤ）の平均を超えています。

厚生労働省の発表を受けて、沖縄県は二〇一五年度に沖縄の子どもの貧困に関する調査を行い、二〇一六年一月に結果を公表しました。この調査で、沖縄県の子どもの貧困率は二九・九％（二〇一五年度時点）で、[3] 全国平均（二〇一二年）の約二倍という衝撃的な調査結果が明らかになりました。

沖縄県の子どもの三人に一人が貧困の状態にあり、特に、ひとり親世帯の貧困率は五八・九％（全国平均五四・六％）という非常に厳しい状況もわかりました。

「子どもの貧困」とは、「子どもが経済的困難と社会生活に必要なものの欠乏状態におかれ、発達の諸段階におけるさまざまな機会が奪われた結果、人生全体に影響を与えるほどの多くの不利を負ってしまうこと」[4]です。貧困の中心には「お金がない」という経済的困難があり、基本的な衣食住の欠如や適切なケアの欠如、児童虐待・ネグレクト（養育の怠慢・拒否）、医療の不平等、教育・学習環境の欠如、遊びや文化的資源の不足など、子どもの日常生活の様々な場面で影響を及ぼします。貧困による不利が複合化、長期化した場合、子どもの成長・発達に重大な影響を及ぼし、自己肯定感が低下したり、進学や就職の選択が狭まるなど、人や社会との関係性が断ち切られることが危惧されます[5]。特に、乳幼児期に貧困であることは子どもの発達に非常に深刻な影響を及ぼし、おとなになった時に貧困に陥る「貧困の世代的再生産」を引き起こす可能性があります[6]。

沖縄の乳幼児の貧困

沖縄県が発表した「平成二八年度　児童相談所業務概要（平成二七年度実績）」の「被虐待児童の年齢・相談種別」によれば、二〇一五年度に沖縄県内で六八七件の児童虐待が発生しており、内訳は、身体的虐待一七二件（二五・〇％）、性的虐待一五件（二・二％）、心理的虐待三〇二件（四四・

〇％）、ネグレクト一九八件（二八・八％）でした。被虐待児童の年齢と相談種別をみると、乳幼児期では心理的虐待が最も多く発生しており、〇―三歳未満五四件（四五・八％）、三歳―学齢前七六件（四九・四％）でした。[7] 次いで、ネグレクトが一〇五件でした。小学生と高校生・その他では心理的虐待、中学生では身体的虐待が最も多く発生しています。

この背景には、戦前・戦中・戦後の沖縄の歴史、特に沖縄戦（一九四五）と二七年間に及んだ米軍による占領、一九七二年の日本「本土復帰」以降の社会的・経済的状況や労働環境などがあると考えられています。沖縄では、全国一低い所得、非正規雇用率の増加、高い完全失業率、県内都市部での核家族化の進行、離婚率の高さとひとり親世帯（母子世帯・父子世帯）の増加がみられます。[8] また、戦後の沖縄の歴史的経緯が、「五歳児保育問題」[9] や高い待機児童数など沖縄特有の保育・子育て問題として現在も深刻な影響を及ぼしています。

沖縄の社会・経済的状況や労働環境を考えると、子どもを産み育てることの困難さが想像されますが、二〇一六年の沖縄県の合計特殊出生率は一・九五（全国平均一・四四）と全国一位です。[10] ただし、一〇代の若年出産が多いことが沖縄県の特徴で、母親自身が未成年のため、基本的生活習慣の欠如や家庭生活に必要な生活技術の不足、妊娠出産に伴う学業の中断や中途退学などが問題となります。特に一〇代や二〇代前半で妊娠出産する際、パートナーとの関係や母親自身の家族との関係が不安定になる可能性があり、子育てに対する協力関係や支援が不足することが度々起こります。また、十分な教育を受けられなかったために、非正規での雇用など不利な就労条件とそれに伴う低い所得収入などから、複数の仕事をかけ持ちしながら子育てを行う若年者も多くいます。

経済的に困窮する世帯では、家事や子育てと仕事の両立が特に難しくなる傾向があります。仕事や収入に対する不安や悩みなどにより子育てに対する心の余裕を奪われるうえに、かけ持ち仕事により家庭で親と子どもが十分に関わる時間が足りずに、子どもが幼いうちから親子関係が希薄になる可能性が高まります。さらに、貧困家庭は身近に子育ての相談をする相手が少ないなど社会的孤立に陥る可能性が高いため、育児ストレスを抱えやすく、子どもを叩いたり、厳しく叱るなどのマルトリートメント（不適切な養育態度）を引き起こしやすくなります。[11]

近世以降の沖縄の社会状況——子どもの保育・教育環境を中心に

（1）明治・大正期の子どもの環境

明治以前の沖縄は一五世紀以来、琉球王国[12]として、中国や東南アジア諸国と活発な貿易活動を行いながら、日本本土とは異なる独自の歴史と文化、政治体制を築き上げていました。

沖縄で初めて設置された幼児保育施設は一八九三（明治二六）年の那覇高等尋常小学校附属幼稚園[13]とされており、それ以前に琉球に幼児保育施設が存在したという資料は現時点では見当たりません。沖縄で保育所や幼稚園が設立される以前の子育ては、家族や「門中《むんちゅう》」[14]と呼ばれる父系の血縁集団を中心に地域社会で行われていました。明治期は公立2園、私立2園の幼稚園が設立されましたが、太平洋戦争の悪化により一九四四（昭和一九）年までに廃園を余儀なくされ、現在の那覇市立天妃こども園と私立の善隣幼稚園を除いて戦後は再建されませんでした[15]。

明治期の沖縄は、琉球王国から沖縄県へと体制が転換していく中で、琉球独自の言語（しまくとぅば）や文化を排して琉球を「日本化」することが明治政府の緊急課題であったため、政府は沖縄県に対して、学校教育の普及、標準語（日本語）励行、風俗改良運動、改姓改名運動を通して琉球的なものを排除し、天皇制国家に組み込む徹底的な「皇民化」政策を行い、沖縄県民を「臣民」へと育成する教育を強化しました[16]。

大正期には、公立、私立ともに新たな幼稚園、保育所の設立記録は見られません。大正末期の沖縄は深刻な経済不況[17]にあり、新たな保育施設を設立する財政的余裕はなかったと考えられます。加えて、幼児教育は一部の富裕層の子弟のものという意識があり、当時の社会においては幼児教育に対しての理解と認識が深まらなかったと推察されます[18]。

（2）昭和前期から太平洋戦争終結までの子どもの環境

昭和期になると再び新たな幼稚園の設立が起こり、公立1園、私立4園の計5園が設立されました。ただし、これらの幼稚園は戦局悪化に伴って廃園に追い込まれ、戦後は比較的戦争被害の少なかった石垣市のヤエマ幼稚園[19]のみ存続し、残り4園は再建されませんでした。

昭和初期も引き続き厳しい経済状況にあった沖縄では、慢性的な疲弊状態にあった農村生活の改善をめざして、一九三三年三月五日、国頭郡名護町字幸喜（現・名護市幸喜）に幸喜農繁期託児所が設置されました。これが沖縄初の季節保育所であり、沖縄における保育事業の始まりです。その後、沖縄で初めて常設保育所が設立されたのは一九三九年で、この時設立された保育所は、名護のキリスト教会の牧師服部団次郎が設立した名護保育園（私立）をはじめ、私立3園、団体立1園、村立1園、字立3園の計8園でした[20]。

しかし、一九三七年の日中戦争突入、翌一九三八年の国家総動員法公布という社会状況の転換に合わせて保育所も戦時体制に対応せざるを得ませんでした。それまでの保育は幼稚園令（一九二六）に基いて行われ、幼稚園の目的は第1条「幼稚園ハ幼児ヲ保育シテ其ノ心身ヲ健全ニ発達セシメ善良ナル性情ヲ涵養《かんよう》シ家庭教育ヲ補フヲ以テ目的トス」とされていましたが、戦時体制への即応により保育も戦争行列への参加、出征軍人の送迎、防空訓錬、避難訓練、敵国の歌及びカタカナ語の使用禁止など、次第に戦時色の濃い保育内容へと変化していきました[21]。

さらに、戦局の悪化、特に沖縄戦へと向かう一九四四年以降は、小学校三年以上六年までの児童に対して本土への集団疎開が励行されましたが、就学前の幼児は対象外であったため、疎開を避けた学齢児童と共に、その多くが一九四五年の沖縄戦に巻き込まれました[22]。こうした子どもたちは米軍の艦砲射撃による爆死や負傷、栄養失調による衰弱死、「強制集団死（集団自決）」による死亡・負傷という身体的被害を受けたことに加え、戦場を逃げ惑う最中に親きょうだいや親類からはぐれたために約一〇〇〇名が戦争孤児となるなど、子どもたちも甚大な被害を被りました[23]。

（3）沖縄戦後から現代の子どもの環境

一九四五年の沖縄戦終結後、沖縄は二七年間、米軍の占領下に置かれました。一九七二年五月一五日に沖縄は「日本本土」に復帰して沖縄県となりましたが、占領期から復帰後も、米軍が引き起こした事件・事故は多数あります。特に、子どもが犠牲となった事件・事故は、「由美子ちゃん事件」（一九五五）、「国場君轢殺《れきさつ》事件」（一九六三）、「隆子ちゃん事件」（一九六五）、「少女暴行事件」（一九九五）などがあります。しかし、実際には被害を届け出なかった事件・事故も多数挙げられます。[24]

最近の大きな事故では、二〇一七年一二月七日（木）午前一〇時二〇分頃、宜野湾市野嵩の普天間バプテスト教会付属緑ヶ丘保育園の園舎屋根に米軍機CH53大型輸送機のものとみられる部品が落下しました。[25]落下当時、園庭では約三〇名の園児が遊んでおり、約五〇センチ落下がずれたら死傷者が出ていた可能性もありました。

さらに緑ヶ丘保育園の事故から六日後の一二月一三日（水）一〇時八分頃、宜野湾市立普天間第二小学校運動場に同じくCH53大型輸送機の窓枠が落下しました。落下当時、運動場では二学年の児童約六〇名が体育の授業中でした。[26]

二〇一七年当時、在沖米軍専用施設は三一か所、一万八六〇九ヘクタール（沖縄本島の一五％）を占めており、日本国内にある米軍基地の約七〇・六％が沖縄県（国土〇・六％）に集中しています。沖縄は、米軍が世界各地で展開する戦闘行為のために出撃する拠点基地の一つになっているのです。このように米軍基地と軍隊の存在による事件事故が多発しており、沖縄戦後二七年間の占領期に留まらず、復帰後も沖縄の住民に対する人権侵害や基地被害は深刻な影響を及ぼし続けています。

（4）子どもの目の前にある「暴力」

出生当初から目の前に軍事基地があることで、沖縄の住民は、軍事基地が成育環境の前提条件であるかのように思い込む錯覚に囚われています。こうした錯覚に陥ると、軍事基地や軍隊が生活環境の中にあることが当然のような感覚に囚われ続けます。加えて、軍事基地や軍隊が初めから目の前に「ない」状態が想像できず、あるいは「撤去する」ことを住民では選択できないものであるかのような錯覚に陥り、無力感を常に感じています。

軍事基地や軍隊の存在が生活環境の中にあるということは、子どもの目の前に「暴力」を突きつけることに等しいと、私は考えます。殴る、蹴る、武器の危険に曝されるなどの直接的な暴力は受けていなくても、軍事基地や軍隊の存在そのものが生命や生存を脅かし、人が生まれながらに有する基本的人権を侵害するものとして、心理的に重大な影響を及ぼす可能性があると思います。

二〇〇七年、私は保育士として沖縄県内の保育園で勤務していましたが、ある日、就寝中に飛行機の轟音で飛び起きたことがありました。この時、瞬間的に「子どもたちをどこへ逃がそう?」と考えました。次の瞬間、自分が寝ぼけていたことに気づき、同時に、「なぜ、このようなことを考えながら保育しなければならないのか?」と深く傷つきました。保育士として子どもの命を預かる責任について、通常の範囲を超えて、基地から派生する事件・事故に対してまでも意識的、無意識的に危機感を募らせ、神経を張り詰めなければならない状況は異常としか言えません。

しかし、これと対照的な例があります。二〇一二年、沖縄県外のX地方の保育者養成校一年次を対象に、沖縄の子どもの保育環境について話をする機会がありました。この時、ある学生のコメントに、二〇一一年「東日本大震災」時の米軍による「トモダチ作戦」について、「米軍基地があることで日本や沖縄が守られていると思っていたので、大きなマイナスイメージはなかった」というものがありました。これは、震災時の米軍の「トモダチ作戦」を好意的に評価してのことと思われます。この保育者養成校では二〇〇九年から二〇一五年まで同様の話をしましたが、二〇一一年「東日本大震災」以前は上記のようなコメントは皆無でした。基地があったからすぐに救援の手がのべられたということを、身近に基地などの生命を脅かすものが存在しない環境で生活する人も同様に感じたのではないでしょうか。

（5）沖縄の子どもの言葉

私が保育士として勤務していた頃、特に深く印象に残っている二人の子どもの言葉があります。

一つは、同僚の先生が聞いた言葉です。五歳のSくんは、二〇〇三年イラク戦争開戦直前に言いました。

「せんそうってね、てっぽうでひとをころすことなんだよ。

せんそうってね、いきられなくなることなんだよ」

もう一つは、Rくん（二〇〇七年当時、五歳）でした。ある時、Rくんは私に質問してきました。「あやこせんせい、なんで、ちきゅうは2こないの？」いつもは納得するまで回答を求めるRくんですが、思いがけない質問に戸惑っている私を見て、その時はすぐに黙って去りました。後日、Rくんは自分なりに考えた答えを私に教えてくれました。「やっぱり、ちきゅうは1こでいい。だって、1こでもみんながせんそうばっかりしているのに、2こだったら、ちきゅうがかわいそうだから」

キリスト教保育連盟の『新キリスト教保育指針』は、キリスト教保育の実践にあたって六つのねらいを示しています。[27]

（4）子どもが、心を動かし、探求し、判断し、想像力をもち、創造的にさまざまな事柄に関わるようになる。

（5）子どもが、私たちの生きる自然や世界を神による恵みとして受けとめ、それらの事柄に関心をもち、自分たちのできることを考え、行うようになる。

この二点から、子どもたちは幼いながら、自分自身のことではなくても社会の状況に強く関心を持っていることがうかがえます。それはSくんとRくんの言葉とつながっているように感じます。

沖縄県のキリスト教保育

戦前、戦後をとおして、沖縄でキリスト教保育を実践する保育園や幼稚園は数多くあります。特に、壊滅的な戦争被害を被った沖縄では、終戦後、各地でキリスト教会や信徒が保育に関わり、子どもたちの発達を援助するだけでなく、精神面の支えとなりました[28]。

二〇一四年六月、沖縄県内でキリスト教保育を実践している保育園・幼稚園の管理職及び保育者を対象にアンケート調査を実施しました[29]。

Ⅶ　キリスト教保育の特徴についてお聞きします。該当する番号に○をつけてください（五つまで選択可）。

①保育の中で時を決めて礼拝する
②日常の保育の中で随時礼拝する
③保育の中で聖書を読むことを大切にする
④聖句を暗唱する
⑤聖書の話をする

⑥神への信頼心を培う
⑦讃美歌をうたう
⑧子どもが教会学校に出席することを促す
⑨保育者が信仰に基づいて子どもとかかわる
⑩一人ひとりの存在を大切にする
⑪平和と人権の問題を大切にする
⑫生と死の問題を考える
⑬保護者と共に育ち合う
⑭保護者が子どもと共に礼拝する
⑮保護者がキリスト教について学ぶ
⑯家庭や地域に伝道する

これらの中で沖縄県において選択率が高かった項目は次の四項目でした。
①保育の中で時を決めて礼拝する（沖縄六一・六％、全国三九・九％）
④聖句を暗唱する（沖縄三六・八％、全国九・四％）
⑪平和と人権の問題を大切にする（沖縄三一・四％、全国一三・三％）
③保育の中で聖書を読むことを大切にする（沖縄八・九％、全国四・九％）

この結果を二〇〇六年にキリスト教保育研究委員会が実施した調査結果と比較すると、「⑪平和と人権の問題を大切にする」を選択したのは沖縄が三一・四%で、全国平均一三・三%の二倍を超えました。[30] 二〇一四年の調査で選択率が高かった項目について、沖縄県内でキリスト教保育を実践している施設の多くが設立母体となった教会と隣接していることや、牧師や神父などの聖職者が施設長（所長、園長等）を兼務している場合が多いこと、さらに、戦後七〇年以上経た現在でも米軍基地から派生する様々な脅威と隣り合わせという現実が反映された結果と考えられます。

その他、キリスト教主義保育園・幼稚園の職員として必要な資質について、幼稚園管理職は「ノンクリスチャンであっても、（キリスト教に）興味、関心を持っている」こと、幼稚園の専任教員は「クリスチャンの職員関係は、お互いに理解し合い共感できるので、すごくやりやすい感じはあるが、ノンクリスチャンでもいろいろな方がいるので、お互い刺激し合うことができる」との回答がありました。[31]

現在、国内の保育園や幼稚園でキリスト教保育を行う保育者には、キリスト教を信仰していない人も多くいますが、実際のキリスト教保育の場では信者である保育者と共に働く未信者の働きは大きいと言えます。[32] 一方、キリスト教保育を実践するために、保育者は信仰の有無に拘わらず、聖書の人間理解と子ども理解をはじめ、キリスト教の価値観を理解することは重要です。

キリスト教保育を実践するために、元武蔵野相愛幼稚園園長・理事長の黒田成子氏は、子どもは人間に所有されるものではなく、一人一人はかけがえのないものとして神から授かり、神から委託されたものであり、キリスト教保育者はまず、子どもたちは神から託された存在であることを自覚しなければならないと述べています[33]。前述の調査で、保育園・幼稚園共に管理職はキリスト教主義園の職員として必要な資質として、「子どもへの愛」や「子どもの気持ちに寄り添えること」「寛容さ」などの資質・人柄もあげており[34]、黒田氏の指摘とも一致します。

なお、キリスト教保育を考える上で重要な視点を示唆する日本基督教団沖縄教区牧師山里勝一氏の語りがあります（ゴチック引用者）。

（保育者は）キリスト教の信仰は身についているわけですが、それをもって子ども達に接する時に向かい合って接するんじゃなくて、キリストと一緒に生きている感じ。だから、何も信仰を学問的に、信仰的に形作るじゃなくして、「一緒に行こうね」「りっか、まじゅん！」（沖縄の言葉で「一緒に行こう」）って言う気持ち。「一緒に行きましょう！」「Let's go!」という感じ。（中略）保育でも何でも、（私達は）人格的な尊厳を持った存在であるという。「私は、私です」「あなたは、あなたです」、という信仰的な在り方というのかな。それが保育者にとっては求められているんじゃないかな。だから、子ども達にも「君は君なんだよ」と。「他に変えられないよ」と。「尊い者だよ」と。もう一つは、「あの人、誰だろうね？」と関心を示すことで関わっていく[35]。

私たちの命も生活も神様から貸し与えられているものなんだと。それを壊さないで、神様のために、『イエス様が一番』という言葉に集約されるんじゃないかなと思う。イエス様から創造主なる神様が全部創って、それを僕達に貸してくださっている、与えてくださっている。それで大事に生きているんだ。(36)

平和の思想

私が学生として学び、今、教育に関わる者として勤める沖縄キリスト教学院は、一九五七年四月、初代学院長となる牧師仲里朝章氏をはじめとする沖縄キリスト教団の指導者により設立されました。戦時中、那覇商業学校長として教え子を戦場に送り、多くの若者の命を失った仲里氏は、皇民化教育に対する苦悩と深い反省から、学院では、「死ぬための教育」から「生きるための教育」への転換を図り、聖書を学院の中心にすえて学生への教育を行いました。

また、牧師大城実氏（沖縄キリスト教短期大学第四代学長・沖縄キリスト教平和総合研究所名誉所長）は礼拝の中で度々、イザヤ書二章四節を取り上げました。

主は国々の争いを裁き、多くの民を戒められる。
彼らは剣を打ち直して鋤とし

槍を打ちなおして鎌とする。
国は国に向かって剣を上げず
もはや戦うことを学ばない。

歴代の学長が示してきた「建学の精神」は、戦前の「死ぬための教育」だった皇民化教育への深い後悔と反省、そして、戦後は聖書に基づき、神から与えられたすべての人の命、特に幼い子どもたちや若者たちの命を尊重する「生きるための教育」への転換を示しています。

また、沖縄戦を生き残った人々は、言葉では言い表すことができないほどの戦争の悲惨さ、残酷さを経験しました。その経験から、「命《ぬち》どぅ宝（命こそ宝）」という教えを示しています。「私」（個人）の命を大切にするだけではなく、「あなた」（他者）の命を尊重すること、さらに、動植物など自然と共生することが、人と人、人と自然が互いを尊重しながら生きていき、平和な社会を築くために、とても大切なことなのです。このことは沖縄に限らず、この世界に生きる人すべてにとって大切なことと言えるのではないでしょうか。

すべての人が共に生きるために

子どもは生まれながら一人の人格を持った人間であり、すべてのおとなからその人権を尊重され、健やかに育つ権利を有する固有の存在です。「子どもの権利条約」（一九八九）は、子どもの権利の四つの柱として、「生きる権利」「育つ権利」「守られる権利」「参加する権利」をあげています。つまり、「子どもは自らの人生の主体（主人公）であり、子どもは権利主体」ということです。

特に乳幼児期は心身の発育・発達が著しく、人格の基礎が形成される最も重要な時期で、心身共に安定した状態でいることができる環境と愛情豊かなおとなの関わりが必要です。身近なおとなから「ぼく／わたしは愛されている」と実感できる愛情を豊かに受け、身近なおとなとの関わりをとおして基本的信頼感が形成されることで、子どもの自己肯定感が育まれます。また、家庭や保育の場で生活や遊びを通して、人や物事、自然、社会に対する好奇心や興味、関心がめばえ、友だちとの関わりや人間関係を形成します。

児童憲章（一九五一）の前文は次のように記しています。

児童は、人として尊ばれる。
児童は、社会の一員として重んぜられる。
児童は、よい環境の中で育てられる。

すべての子どもは、家庭環境や経済状況などで差別されたり、格差で苦しむことなく、その存在を尊重され、愛情を豊かに受けて幸せを感じながら、より良く育ち、自分の人生を主体的に生きる権利があります。

「子どもの貧困」は、決して容認できない社会的な不平等です。格差が浸透している社会の中で、貧困に悩み苦しんでいる人々の状況を想像し、共感し、改善するために実践することが、今、求められています。

子どもの育ちの環境が厳しい社会情勢の中で、保育者には子どもの人権を尊重することが、ますます重要になってきます。元ルーテル学院大学学長の江藤直純氏は次のように述べています。

「なぜ人間には冒すことのできない尊厳があるのか」「なぜ人権は何にもまさって尊ばれなければならないのか」「そもそもいのちとはなんなのか」と。この問いに対してしっかりとした答えを持っていなければ、その時その時の政治・経済・社会情勢によって福祉実践は揺さぶられ、翻弄され、時に後退させられることさえありうる。(37)

幼い子どもや障がいのある人、女性、高齢者など社会的に小さく、弱くされている人々と共に生きるためには、自己の命と同様に他者の命をも尊重して、すべての人が生存を脅かされず安心して生きられることが一番重要なのです。

注

（1）青木道代「幼児の人権を重んずる保育を――保育者の立場から」『幼児の教育』第六九巻第一号、日本幼稚園協会、一九七〇年、二五頁。お茶の水女子大学教育・研究成果コレクション TeaPot http://hdl.handle.net/10083/40508　青木氏は現在「障がいを負う人々・子どもたちと共に歩むネットワーク」代表。

（2）厚生労働省「平成二五年度国民生活基礎調査」概況、二〇一四年七月一五日公表。

（3）沖縄県「沖縄子ども調査結果概要　中間概要」二〇一六年一月二九日公表。

（4）小西祐馬「子どもの貧困を定義する」『子どもの貧困白書』子どもの貧困白書編集委員会編、明石書店、二〇〇九年、一〇頁。

（5）小西祐馬「第1章　乳幼児期の貧困と保育」『貧困と保育――社会と福祉をつなぎ、希望をつむぐ』秋田喜代美・小西祐馬・菅原ますみ編著、かもがわ出版、二〇一六年、三二頁。

（6）同、三三頁。

（7）沖縄県「平成二八年度児童相談所業務概要（平成二七年度実績）」https://www.pref.okinawa.lg.jp/site/kodomo/shonenkodomo/h28jisougyoumugaiyou.html

（8）沖縄県企画部統計課『一〇〇の指標からみた沖縄』沖縄県統計協会、二〇一八年、一三、一四、二四頁。

（9）二〇一九年四月に厚生労働省が発表した報道資料「平成三〇年一〇月時点の保育所等の待機児童数の状況について」https://www.mhlw.go.jp/content/11922000/000500999.pdf では、二〇一八年四月一日時点の待機児童数は全国で一万五一四二人（年度途中の一〇月一日時点三万一七一八人）、東京都が五三五八人で最も多く、沖縄県は一七三二人で全国二番目に待機児童が多いという結果が出ている。同調査で、「平成三〇年四月一日時点で待機児童数五〇人以上の市区町村」として、沖縄県内の自治体は、沖縄市（一〇位、二六四人）、うるま市（一三位、二三六人）、南風原町（一六位、一九四人）、南城市（三五位、一四三人）、那覇市（三八位、一三八人）、西原町（四七位、一〇六人）の六市町があがっている。

(10) 沖縄県企画部統計課『一〇〇の指標からみた沖縄』九頁。

(11) 中村強士「3　保育所保護者への調査からみえた貧困――解決策としての保育ソーシャルワーカーの配置」（秋田他『貧困と保育』）一〇八頁。

(12) 七―八世紀頃から独自の琉球文化を形成し始め、中国や東南アジア諸国と活発な貿易活動を行っていた。一四二九年、尚巴志《しょうはし》が沖縄島の北山、中山、南山を統一して琉球王国が誕生した。一八七九（明治一二）年四月四日の廃琉置県により「沖縄県」となった。

(13) 宜保恵美子「沖縄における幼児保育の歩み」『保育学年報（一九七六年版）郷土にみられる保育の歩み』日本保育学会、フレーベル館、一九七六年。

(14)「門中」とは、日本本土の同族に類似した沖縄の親族集団で、始祖を共通にする父系の血縁集団。一七世紀以降、琉球政府の士族階層を中心に沖縄本島中南部で発達し、本島北部や周辺離島に広まったといわれる。共有する門中墓の維持管理を中心に、定期的に各種の先祖祭祀を行うなどの機能を有する他、親族集団として日常的な交際や扶助を行う（琉球新報社編『最新版　沖縄コンパクト事典』琉球新報社、二〇〇三年、四〇三頁）。

(15) 神山美代子「沖縄の保育施設の概念と形成の過程――明治中期～昭和二〇年敗戦まで」『沖縄キリスト教短期大学紀要』第28号、沖縄キリスト教短期大学、一九九九年、四三―六三頁。

(16) 明治政府の行った同化政策の一例として、全国に先駆けて一八八七（明治二〇）年九月一六日に沖縄県尋常師範学校への「御真影」の下賜があげられる。そのほか、教育政策として行われた皇民化教育とは、「天皇至上」「尽忠報国」「滅私奉公」など皇民的資質を県民一人ひとりに感得させるための教化活動をいう。そのねらいは、天皇制国家主義・ファシズム体制の強化である。皇民化教育は一八九〇（明治二三）年一〇月三〇日に下付された明治期から第二次世界大戦終了までの日本の教育の基本理念を定めたとされる「教育ニ関スル勅語」（教育勅語）によって、戦前・戦時期には絶対的な神聖性をもって教育現場を支配した（青木一他編『現代教育学事典』労働旬報社、一九八八年、四六、一七九頁）。

(17) 第一次世界大戦後の恐慌期とそれに続いた長期の経済不況のため、沖縄県民が陥った極度の生活難は、深刻な生活苦のために欠食児童や長欠児童が増加、子女の身売りまで行われた。有毒なソテツを食べて飢えを凌ぐほどの食糧難の様子を沖縄朝日新聞の比嘉栄松記者は「ソテツ地獄」と命名した（琉球新報社編、前掲書、二四六頁）。

(18) 神山「沖縄の保育施設の概念と形成の過程」四三―六三頁。

(19) 宜保恵美子「沖縄県幼児保育史（第1報）――明治・大正・昭和初期を中心にして」『琉球大学教育学部紀要』第二八集第二部、一九八五年。

(20) 神山美代子・神里博武「第1章 沖縄・保育の歴史」『復帰四〇周年記念 沖縄保育のあゆみ』おきなわ・保育の歴史研究会、二〇一三年、一―四四頁。

(21) 同書。

(22) 一九四五年三月二六日、米軍は慶良間諸島への上陸を開始、四月一日には沖縄本島中部海岸から上陸して、同日、北飛行場（読谷）と中飛行場（北谷）を占領し、本島南北への侵攻を進めた。沖縄守備軍（日本軍）は当初、地下陣地に立てこもり持久作戦を展開、五月に米軍が守備軍司令部のあった首里城防衛線に達すると総攻撃を開始したが、戦局の悪化に伴い本島南部へ撤退、この時、住民の多くが日本軍に同行する形で南部へ避難したことにより、五月以降、非戦闘員の一般住民や学徒動員された一〇代の生徒たちを含めて多くの死傷者が出た。一九四五年六月二三日、沖縄守備軍司令官牛島満らの自決により組織的な戦闘が終結したが、その後も各地で散発的な戦闘が続き、正式に戦闘が終結したのは降伏調印式が行われた同年九月七日となった。沖縄戦の犠牲者数（二〇一九年六月二三日現在）は、沖縄県民一四万九五二九名、県外都道府県出身者七万七四四八名、米国一万四〇〇九名、英国八二名、台湾三四名、朝鮮民主主義人民共和国八二名、大韓民国三八二名の合計二四万一五六六名である。沖縄戦では、子どもや女性、高齢者などの一般住民（非戦闘員）の犠牲者が多数にのぼったことが特徴である。

沖縄戦の犠牲者数については、次を参照。沖縄県子ども生活福祉部女性力・平和推進課平和推進班、平和の礎 https://www.pref.okinawa.jp/site/kodomo/heiwadanjo/heiwa/7623.html

(23) 沖縄県生活福祉部『児童福祉法制定五〇周年記念　戦後沖縄児童福祉史』一九九六年。

(24) 一九四五年の沖縄戦後、沖縄は二七年間、日本本土から切り離され、米軍の占領下に置かれた。この間、日本本土の法律は適用外とされ、米軍の施政権下に置かれたため、沖縄で発生した米軍人・軍属による事件・事故は米軍によって恣意的に処理され、たとえ軍法会議にかけられても加害者が処罰されることはほぼ皆無であり、沖縄の住民は泣き寝入りを強いられた。本文で触れた子どもが犠牲となった主な事件・事故の概要は次の通り。復帰前では、一九五五年「由美子ちゃん事件」は米空軍所属の軍人による六歳の幼女暴行事件、一九六三年二月「国場君轢殺事件」は青信号で横断中に信号無視の米兵が運転するトラックにはねられ即死した事件、一九六五年六月「隆子ちゃん事件」は米軍機から投下されたトレーラーの下敷きになり圧殺された事件がある。

また復帰後では、一九九五年、米海兵隊員らに拉致・暴行された「少女暴行事件」がある。

(25) 沖縄タイムス二〇一七年一二月八日（金）総合一面、社会三〇―三一面他。琉球新報二〇一七年一二月八日（金）総合一面、社会三一―三三面他。

(26) 沖縄タイムス二〇一七年一二月一四日（木）総合一面、社会二六―二八面他、琉球新報二〇一七年一二月一四日（木）総合一面、社会三一―三四面他。

(27) 『新キリスト教保育指針』一般社団法人キリスト教保育連盟、二〇一七年、二三―二四頁。

(28) 糸洲理子「沖縄戦後の保育所設立に関する一考察」『聖和大学論集』第三六号A、一、〇〇八年、二一三―二二三頁。

(29) 喜舎場勤子・大城りえ・糸洲理子「沖縄県におけるキリスト教保育に関する研究（Ⅰ）――アンケート調査の分析をとおして」『沖縄キリスト教短期大学紀要』第四三号、二〇一五年、一〇七―一二四頁。

(30) 大城りえ・喜舎場勤子・糸洲理子「沖縄県におけるキリスト教保育に関する研究（Ⅱ）――アンケート調査の分析をとおして」『沖縄キリスト教短期大学紀要』第四四号、二〇一六年、一四九―一五六頁。

(31) 糸洲理子・喜舎場勤子・大城りえ「沖縄県におけるキリスト教保育に関する研究（Ⅲ）――自由記述の分析をとおして」『沖縄キリスト教短期大学紀要』第四四号、二〇一六年、一五七―一六八頁。

(32) 深谷潤「『キリスト教シンパ層』の存在意義と課題――キリスト教保育者養成の視点を中心に」日本キリスト教教育学会『キリスト教教育論集』第一八号、二〇一〇年、七九―八七頁。

(33) 黒田成子『幼児教育を考える　現場の人のために』日本基督教団出版局、一九七一年、一九四頁。

(34) 糸洲他「沖縄県におけるキリスト教保育に関する研究（Ⅲ）」一五七―一六八頁。
(35) 糸洲理子「沖縄県におけるキリスト教保育に関する一考察――あるクリスチャン保育者の語りをとおして」『沖縄キリスト教学院大学論集』第一三号、二〇一六年、六頁。
(36) 同、七頁。
(37) 江藤直純「キリスト教的人間観と福祉教育」日本キリスト教社会福祉学会『キリスト教社会福祉学研究』第三七号、二〇〇四年、一五頁。

参考文献

浅井春夫・吉葉研司編著『沖縄の保育・子育て問題――子どものいのちと発達を守るための取り組み』明石書店、二〇一四年。

浅井春夫『沖縄戦と戦争孤児　戦場の子どもたち』吉川弘文館、二〇一六年。

同『子どもの貧困　解決への道――実践と政策からのアプローチ』自治体研究社、二〇一七年。

安里有生・詩／長谷川義史・画『へいわって　すてきだね』ブロンズ新社、二〇一四年。

我喜屋良一『沖縄における社会福祉の形成と展開』沖縄県社会福祉協議会、一九九四年。

本田和子『子どもが忌避される時代――なぜ子どもは生まれにくくなったか』新曜社、二〇〇七年。

加藤彰彦『貧困児童――子どもの貧困からの脱出』三省堂書店、二〇一六年。

キリスト教保育研究委員会『キリスト教保育アンケート報告――現状と課題』社団法人キリスト教保育連盟、二〇〇六年。

幸地努『沖縄の児童福祉の歩み――思い出の人・時・所』広研印刷、一九七五年。

松元剛「基地の島・沖縄と憲法――蝕まれる人権と平和への志」『PRIME』第二八号（特集「反テロ戦

争の中の子ども・非戦・沖縄）明治学院大学国際平和研究所、二〇〇八年、七一一七頁。

日本基督教団沖縄教区編『二七度線の南から――沖縄キリスト者の証言』日本基督教団出版局、一九七一年。

日本キリスト教団沖縄教区『戦さ場と廃墟の中から――戦中・戦後の沖縄に生きた人々』日本キリスト教団沖縄教区、二〇〇四年。

沖縄県子ども総合研究所編『沖縄子どもの貧困白書』かもがわ出版、二〇一七年。

「沖縄子ども白書」編集委員会編『沖縄子ども白書――地域と子どもの「いま」を考える』ボーダーインク、二〇一〇年。

琉球政府文教局『琉球史料〈第一集〉政治編〈復刻〉』那覇出版社、一九八八年。

同『琉球史料〈第三集〉教育編〈復刻〉』那覇出版社、一九八八年。

高山静子「子どもの人権を尊重する保育士養成のあり方」『子ども家庭福祉学』第九号、子ども家庭福祉学会、二〇一〇年。

上間陽子『裸足で逃げる――沖縄の夜の街の少女たち』太田出版、二〇一七年。

渡辺豪『私たちの教室からは米軍基地が見えます――普天間第二小学校文集「そてつ」からのメッセージ』ボーダーインク、二〇一一年。

Column「食べられない」ということ

糸洲理子

皆さんは毎日三食、しっかりとご飯をいただきますか？

お家の人が作ってくれる、あたたかいご飯ですか？　自分で作るご飯ですか？　それを、誰と一緒に食べますか？　勉強や仕事で忙しいから一人で食べますか？

私たちは、普通一日に三回の食事や時々おやつをいただきます。誰かが作ってくれたご飯やおやつ、買ってきたお惣菜やお菓子、時には外食して、お腹と心を満たします。特に、幼い子どもにとって、一日三食のあたたかいご飯とおやつを大好きな人と一緒にいただくことは、心と身体が成長するために欠かすことのできない、とても大切なものです。

しかし、経済的な事情や保護者の養育に関する技術など様々な事情により、「当たり前」と思われている食事ができない子どもたちがいます。

私が保育士として働いていた頃のできごとです。ある日、あと一五分ほどで昼食時間という時に、突然、一人の子どもが大声で泣き叫び、私の目の前で倒れました。

「おなかが、いたい！」

あまりにも突然のことで、急に体調が悪くなったのかと焦って確認しましたが、その子が押さえていたのは胃の辺りでした。「おなかが、いたい！」というのは、お腹が空き過ぎて痛かったのです。

私は、調理室からお椀一杯のお味噌汁をもらって、職員室でその子にお味噌汁を渡しました。湯気の出ているお味噌汁をふーっ、ふーっと息を吹きかけ冷ましながらも、その子は必死に、大慌てで飲みました。

「このお部屋で、先生と一緒にご飯食べようか？」

と聞くと、

「おへや（保育室）で、おともだちといっしょにたべる」

と言うので、一〇分程待った後で保育室に戻り、他のお友達と一緒に食事をしました。

当時、保育園での昼食と午後のおやつがその子にとっての一日の食事のほとんどすべてでした。家庭の事情があり朝食と夕食、休日は食べられないことが多かったために、極度の空腹状態で倒れたのです。そのことを知っていた園長が、時々そっと延長保育用の軽食を与えていましたが、それは空腹を解消するには全然足りませんでした。

私は学生時代、講義で児童虐待や不適切な養育について学びました。しかし、それは文字どおり学んだだけだったのです。子どもが「食べたくても食べられない」ことが、どのような結果を招くのか、私は頭（知識）で理解していただけで、本当の意味では全く理解していませんでした。目の前で幼い子どもが極度の空腹で倒れて初めて、「食べたくても食べられない」ことが子どもにとって、どれだけ深刻なことか知ったのです。私は自分の無理解、想像力の無さを突きつけられ、改めて、保育するということの意味、保育士として子どもと保護者を支えるということの意味について考えさせられました。

大人は、お腹が空いていない、ダイエットしているから、病気治療のためなど、自らの意思や理由があって、ご飯を「食べない」という選択ができます。しかし、幼い子どもは自らの意志で「食べない」ことを選択するのではなく、基本的な衣食住や適切なケアなど、大人の側の事情で適切に養育されるはずの条件が欠けた場合に「ご飯が食べられなくなる」のです。ご飯を食べたくても食べられないという不適切な状況が長期間継続した場合、文字どおり「お腹が空き過ぎて痛い」ほどの空腹（場合によっては飢餓）状態に置かれ、命に関わる重大な結果につながる恐れがあります。そして、多くの場合、そのような状況は隠される傾向にあります。それは、おとなが見ようとしなければ、見えてこないのです。

子どもが「食べたくても食べられない」ことは、子ども自身の意思によるものでは決してありません。まして、多くの場合、親は悪意で子どもにご飯を与えないのではありません。家庭の経済的な事情でご飯を用意できない、お金がない、子育てと仕事の両立で疲れている、助け手がいない、保護者が何らかの理由で家事などの生活技術が身についていない、あるいはネグレクト（児童虐待）など、必ず隠れた理由があります。

ですから、子どもをきちんと育てない親が悪い、親の責任だと、親を責めても何の解決にもなりません。まして、親はきちんと子どもを育てるべきだ、（子育て中の）親とはこうあるべきだという

「べき論」でも解決には至りません。なぜ、親が子育てに困難を感じているのか？　なぜ、親はご飯を作り、子どもに与えないのか？　その根本の理由を理解し、社会皆で子育てに困難を感じている親や子どもに寄り添い、相手の意思を尊重しながら、しっかりと支えていくことが大切です。

あなたの周りに、ご飯を「食べたくても食べられない子ども」はいませんか？

第4章 「貧困」は子どもの将来にどう影響するのか
——中学生対象調査の結果から

西島　央

世の中には、がんばっても報われないひと、がんばろうにもがんばれないひと、がんばりすぎて心と体をこわしたひとたちがいます。がんばる前から、「しょせんおまえなんか」「どうせわたしなんて」とがんばる意欲をくじかれるひとたちもいます。

あなたたちのがんばりを、どうぞ自分が勝ち抜くためだけに使わないでください。恵まれた環境と恵まれた能力とを、恵まれないひとびとを貶《おとし》めるためにではなく、そういうひとびとを助けるために使ってください。そして強がらず、自分の弱さを認め、支え合って生きてください[1]。

これは、二〇一九年四月一二日に行われた東京大学学部入学式における上野千鶴子名誉教授の祝辞から抜粋した言葉です。この祝辞はその後、一か月近くにわたってさまざまなメディアで賛否両論の意見が交わされるほどの話題となりました。注目された内容は、東大生に限らず、女子学生の置かれている厳しい現実についてでしたが、上野氏はもう一つ重要な話をしていました。それは、冒頭にも引用した、個人の努力を評価してもらえる環境にある人がいる一方で、評価してもらえないばかりか、努力することすらできない環境にある人もいるという話です。

負け惜しみではないのですが、私はここ数年、東京大学で「教育と社会」という主に一、二年生が受講する教職課程の講義を担当させてもらっていて、その初回の講義で上野氏の祝辞の論旨とほぼ同じ内容の話をしてきました。ですから、上野氏の祝辞の内容を知ったとき、「あら！　今年の講義はいったいどうやって始めたものだろうか？」と困惑しつつも、自分が話してきた内容や意図に間違いはなかったと確信をもちました。

しかし、世間では、「せっかくのお祝いの場で、そんなネガティブな話をしなくても」という批判ならまだしも、学生や子どもの置かれている状況についての上野氏の社会認識に対する批判も少なからずなされたのです。そのことに私はとても驚きました。というのも、子どもに対する保護者によるネグレクトや虐待が引き起こした悲劇や、その一方で厳しい生活状況にある子どものための「子ども食堂」のような取り組みがあることを、メディアはしばしば取り上げています。メディアが世論を喚起している側面もあるでしょうが、世間もまた子どもの悲劇や厳しい生活状況に高い関心をもっていることの現れでもありましょう。にもかかわらず、上野氏に対してそのような批判がなされるということは、子どもの悲劇や厳しい生活状況が大学進学やその先の進路形成にどのような影響をもたらしているかということにまで、その関心はつながっていないことの証左だと思われたからです。

ただ、よくよく考えれば、上野氏や私のような社会学者にとって当たり前ではあっても、多くの人たちにとってはまだつながっていないことだから、上野氏は祝辞でそのことを述べたのだし、私も初回の講義で話してきたのです。実際、「教育の格差」ということばが世間で認知されるようになってきたのはせいぜい二〇〇〇年前後からのことですし、具体的にどういう問題を引き起こすから格差があることが問題なのかということの理解は、まだまだ世間に広がっているとはいえないでしょう。けれども、日本社会における子どもの貧困の問題は、待ったなしです。その際、現時点で起きている問題の改善・解決もさることながら、将来につながる問題の縮減・解消も図られなければなりません。

そこでこの章では、子どもの置かれている状況がその子どもの将来に影響するということについて、読者のみなさんに少しでも理解を深めてもらうことをめざします。具体的には、筆者が二〇一八年度に行った五都県の公立中学校一、二年生三一七二人対象のアンケート調査(2)(以下、中学生調査)のデータを用いて、「個人の努力を評価してもらえる環境にある人がいる一方で、評価してもらえないばかりか、努力することすらできない環境にある人もいる」状況を紹介するとともに、将来につながる問題の縮減・解消に向けてどんな方策が考えられるか、私の研究関心に沿って検討してみたいと思います。

中学生段階ですでに分かれる進路希望とその背景

上野氏は祝辞のなかで、二〇一六年度の学校基本調査から、四年制大学進学率は男子の五五・六％に対して女子は四八・二％で約7ポイントの差があることを示して、その差が成績の差ではなく、親による性差別の結果だと指摘しています。そのような結果は、どういう過程を経てつくられていくのでしょうか。性差別については上野氏が詳しく述べていますので、ここでは環境に注目していきましょう。

中学生調査では、卒業後の進路希望を尋ねています。図表1（次頁）のように、四割が未定ですが、中学卒業（中卒）または高校卒業（高卒）後に就職希望から四年制大学（四大）進学希望まで、進路希望がすでにさまざまに分かれています。

では、どのような背景から進路希望は分かれていくのでしょうか。議論を簡潔にするために、未定と無回答を除いて、「中卒後、就職」と「高卒後、就職」を「就職」に、「専門学校進学」と「短大進学」を「短大・専門」にまとめて、さまざまな背景別に三つの進路希望の分布をみていきましょう。

図表１　卒業後の進路希望（％）

中卒後、就職	0.7
高卒後、就職	10.1
専門学校進学	17.2
短大進学	3.7
四大進学	24.0
未定	41.4
無回答	2.9
合計	100.0
（実数）	（3172 人）

「2018年度中学生調査」より著者作成
（以下同）

図表２　成績別にみた卒業後の進路希望

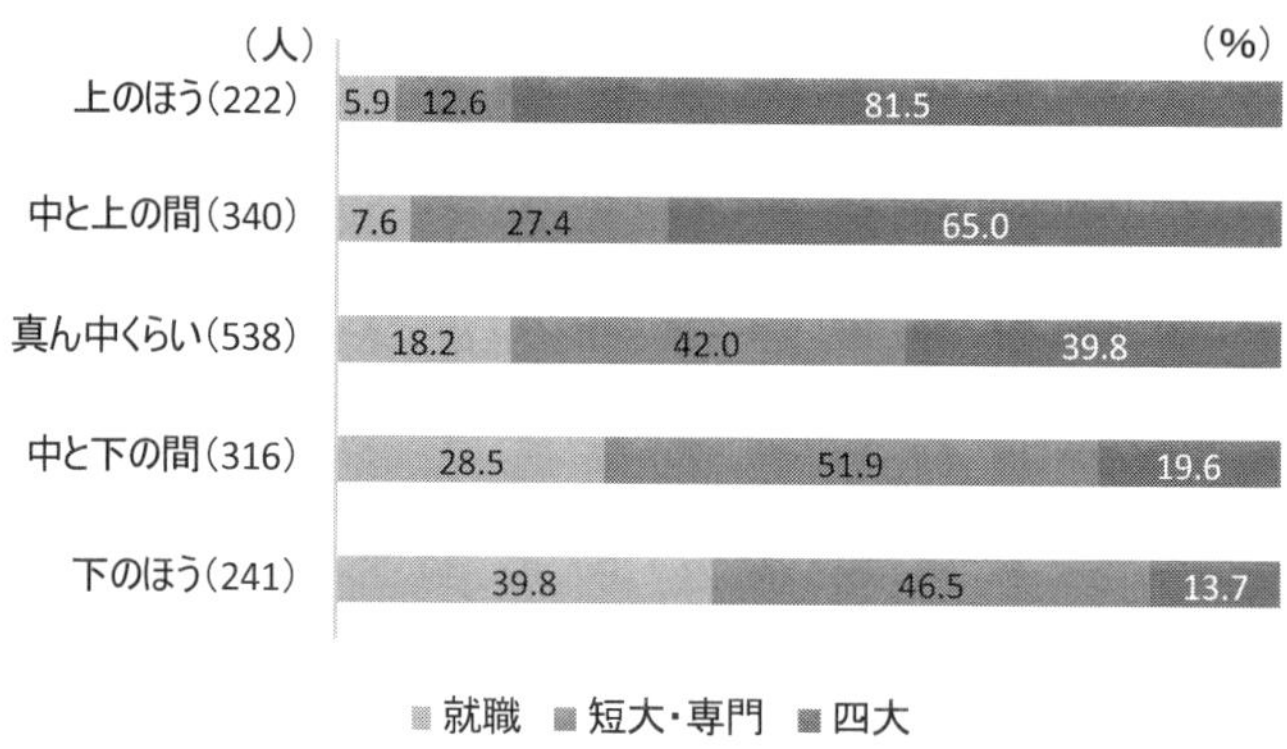

図表3　性別にみた卒業後の進路希望

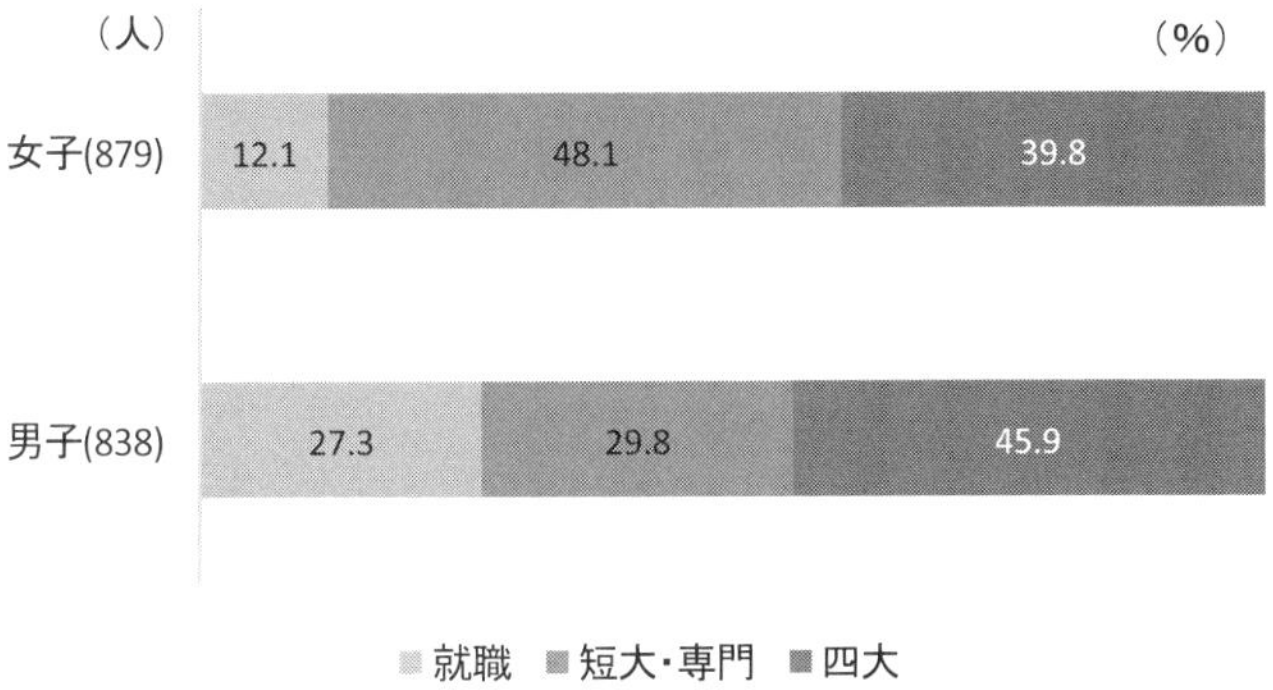

図表2は、クラスでの成績別にみた進路希望の分布です。成績が「上のほう」では八割が「四大」を希望していますが、成績が下がるにつれて「四大」希望は減り、「下のほう」では一割強にとどまります。学力による選抜を何度も経てきた大人からみれば、成績によって進路希望に違いがあるのは当たり前のように思えますが、進路指導が本格化する前の中学一、二年生でこれだけの進路希望の違いがある背景を成績だけに求めるのは、説得的ではありません。成績の良し悪しとともに、進路希望を分かれさせていく他の要因がありそうです。

そこでまず、上野氏が指摘した性別についてみてみましょう。図表3のように、男子は女子に比べて「就職」も15ポイント多いですが、「四大」も学校基本調査とほぼ同じ6ポイント多くなっています。上野氏が指摘したように「高卒後も学校に行くなら、男子は四大までで女子は短大・専門まで」という意識が、中学生にまで及んでいるようすがうかがえます。

図表４　「家に本がたくさんある」別にみた
卒業後の進路希望

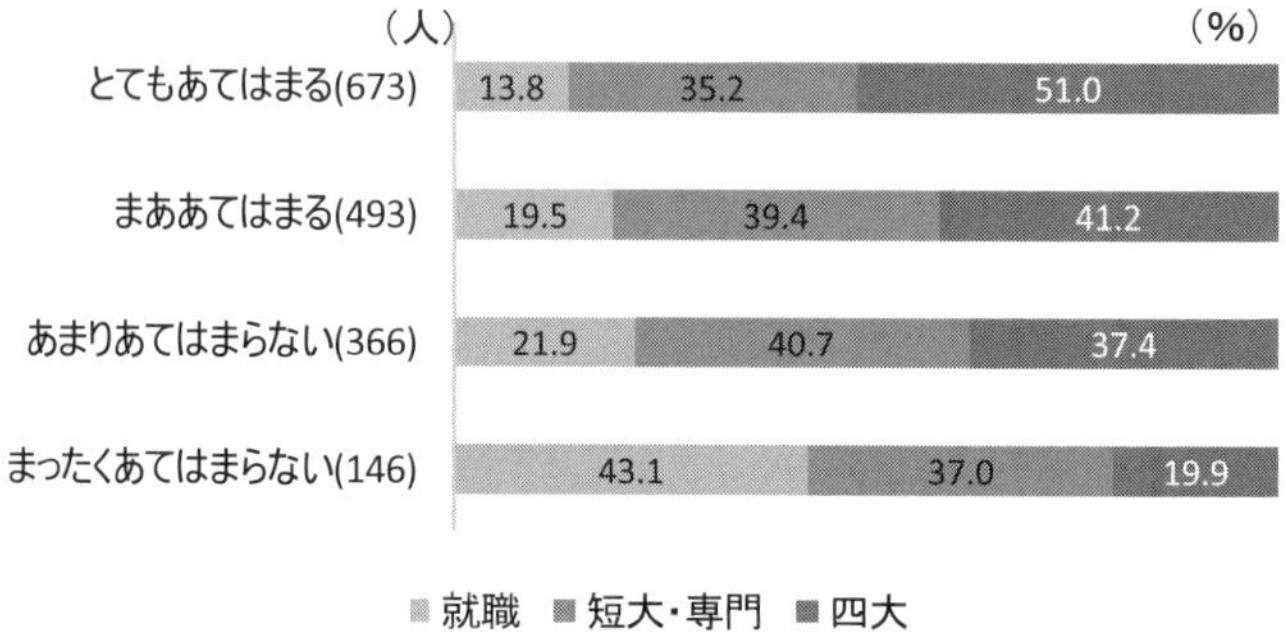

次に、家庭環境についてみてみましょう。社会学では、家庭の蔵書量の多寡《たか》は学校文化との距離感を表す指標となると考えられています。蔵書が多いほど学校文化に親和的ということです。中学生調査では、「家に本（参考書やマンガ、雑誌を除く）がたくさんある」かどうかを尋ねました。図表４のように、「家に本がたくさんある」かどうか別の進路希望をみると、「とてもあてはまる」、つまり蔵書量が多いと五割が「四大」を希望していますが、蔵書量が減るにつれて「四大」希望も減り、「まったくあてはまらない」では二割にとどまっています。保護者から何か言われようと言われまいと、学校のように本の多い家で暮らしていれば、学校文化に親和的になってより高い学校段階まで進もうとする意識が芽生えるし、本の少ない家で暮らしていれば、学校文化を疎遠に感じて、早く社会に出ようという意識が芽生えるということかもしれません。

今度は、地域環境についてみてみましょう。二〇一四

図表５　五都県別にみた卒業後の進路希望

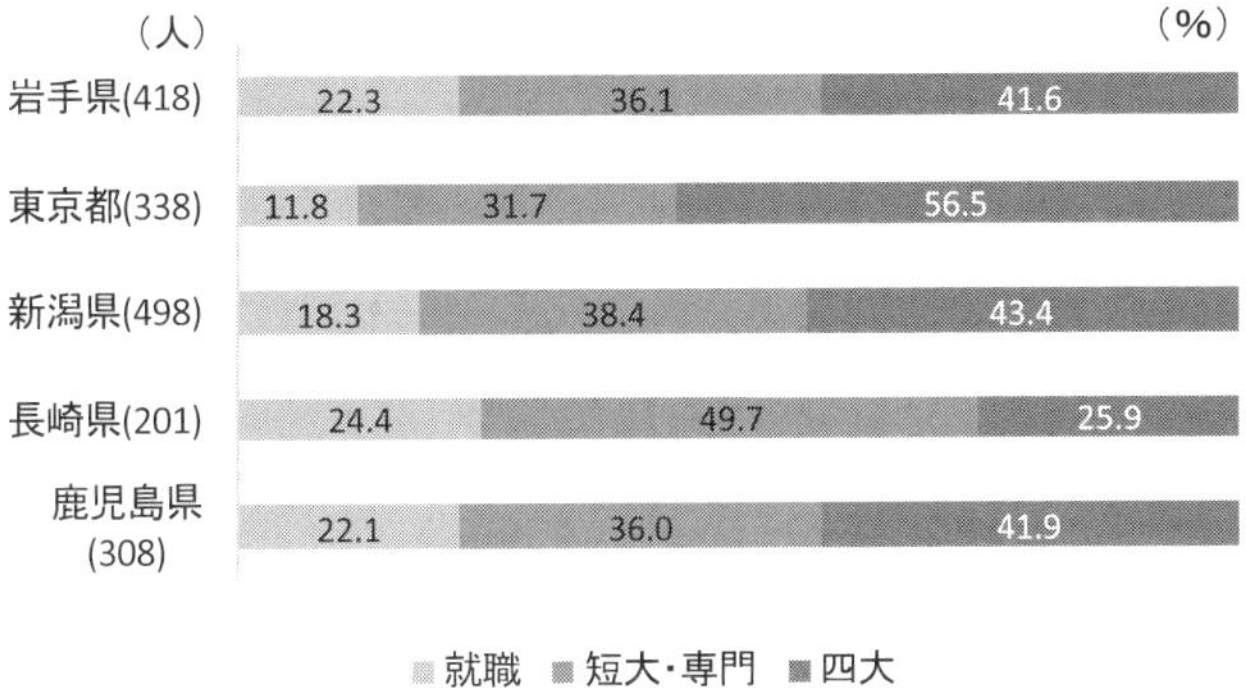

年一〇月一五日の朝日新聞朝刊は、一面で、浪人生を含む四年制大学進学率は全国平均で五三・九％だが、都道府県別には東京の七二・五％に対して最も低い鹿児島県は三二・一％と、約40ポイントの差があることを指摘する記事を掲載しました[3]。この記事は、給付型奨学金制度の導入の世論喚起のきっかけとなりました。

そこで、中学生調査についても、図表5で五都県別に、図表6（次頁）で都県庁所在地とその他の市郡部とに分けて、進路希望をまとめてみました。五都県別では、東京都では五六・五％が「四大」希望ですが、岩手県、新潟県、鹿児島県では四割ほどに、長崎県では二五・九％にとどまります。また、都県庁所在地では四八・八％が「四大」希望ですが、その他の市郡部では二七・四％にすぎません。大学または大学生を身近に見ることができる東京都や都県庁所在地では「四大」希望が多く、その機会の少ない県や市郡部では「四大」希望が少なくなっています。

実際、地方の市郡部を訪問すると、その自治体に専門

図表6　都県庁所在地・市郡部別にみた卒業後の進路希望

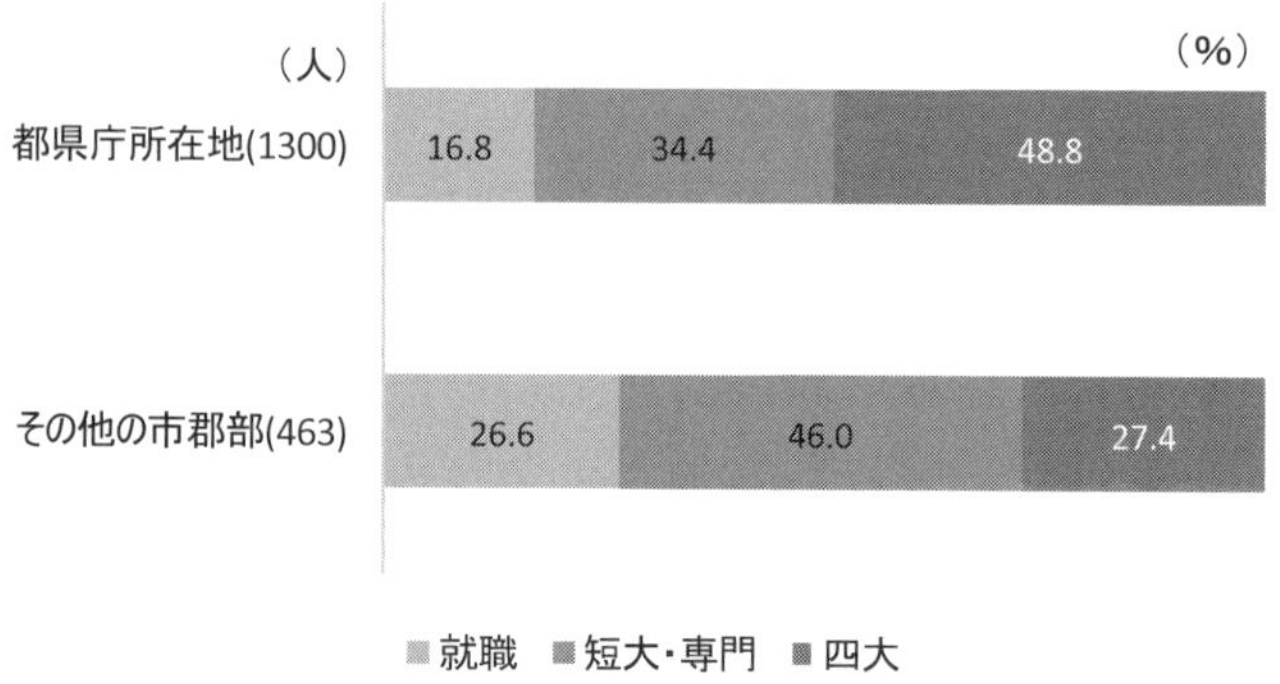

学校はあっても四年制大学がないこともあります。そのような地域の中学生からすれば、自分の二〇歳頃のロールモデルとして、働いている人や専門学校生を目にすることは多いけれども、大学生はあまり見かけないのかもしれません。大学を身近に感じられる地域環境か否かも、中学生の進路希望を規定している背景の一つといえそうです。

　進路希望の形成に関わる背景は他にもいろいろあるでしょうが、このように家庭環境と地域環境も、ある人にとっては努力を評価してもらえる環境であったり、またある人にとっては評価してもらえないばかりか、努力すらできない環境であったりして、間接的にまたは無自覚のうちに中学生の進路希望を規定する要因となっていると考えられます。

家庭環境の違いは子どもの学びにどう影響するか

　本書のテーマである「子どもの貧困」に焦点を合わせたとき、進路希望を規定する要因として最も影響があると考えられるのは、家庭環境です。私は前節で、家庭の蔵書量の多寡が学校文化との距離感を表す指標となると紹介しましたが、蔵書量は家庭の経済状況をも表しているといえます。そのことは、子どもの教育に充てられるお金の量を表したり、保護者の子どもの教育への携わり方を表したりすることも意味します。中学生調査のデータは、その調査の本来の目的から、「子どもの貧困」そのものを扱えるものではありませんが、さまざまな家庭環境を表す指標として蔵書量を使って、家庭環境の違いが子どもの学びにどう影響しているかを検討して、その分析から「子どもの貧困」についても考えてみましょう。

まず、蔵書量別に成績の分布をみてみましょう。図表7(次頁)のように、蔵書量が多いほど成績はいい傾向がみられます。とくに「下のほう」の割合は、「蔵書量多」と「蔵書量中」では一二―一三%なのに、「蔵書量少」では二一・六%とめだって多くなっています。[4]

その背景として、蔵書量を家庭の経済状況を表す指標とすれば、蔵書量の少ない家庭では、塾に通ったり参考書や問題集を買って勉強したりする機会が少ない可能性があります。もしそうなら、蔵書量の多い家庭で塾に通ったり参考書や問題集を買って勉強したりしている中学生と同じ努力をしたいと思ってもそうすることができずに、十分な成績を上げられていないこともある、つまり家庭の経済状況に成績が影響を受けていると考えられます。

しかし、それ以上に私が注目したいのは保護者と中学生が話をする機会がどのくらいあるかということです。そこで中学生調査では、保護者に学校での出来事について話すかどうかを尋ねまし

図表７　蔵書量別にみたクラスでの成績

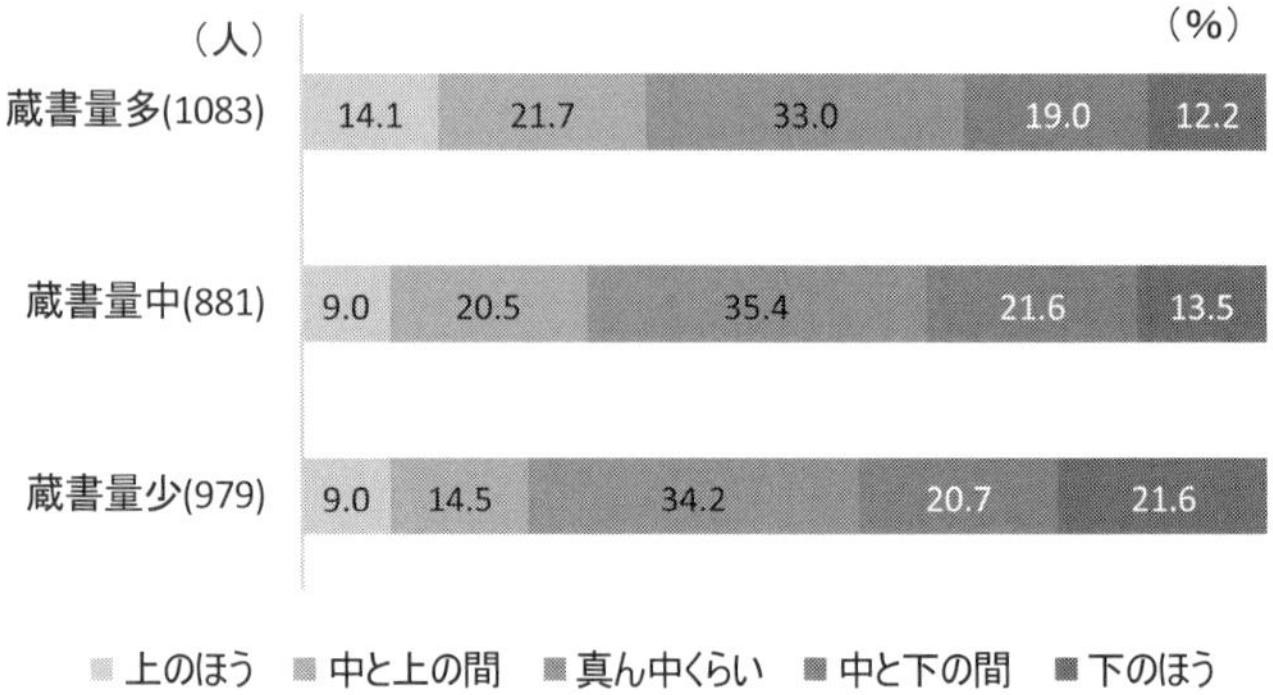

図表８　蔵書量別にみた「保護者に学校での出来事について話す」に「とてもあてはまる」割合

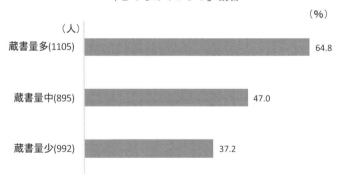

図表9　成績（「上のほう」～「真ん中くらい」）で統制して
蔵書量別にみた「四大」進学希望の割合

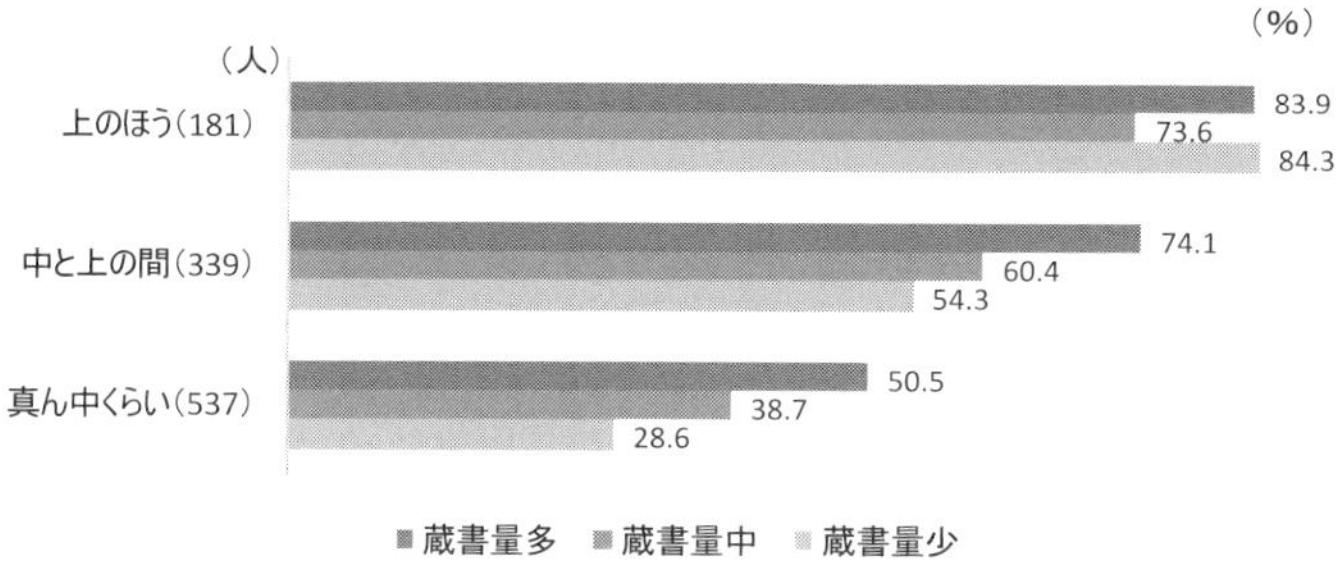

た。図表8に「よく話す」割合を蔵書量別にまとめてみました。蔵書量が多い家庭の中学生は六四・八%が保護者に学校での出来事をよく話しているのに対して、蔵書量の少ない家庭の中学生では三七・二%しかよく話していません。

この場合、蔵書量は、保護者の子どもの教育に対する関心の違いと同時に、保護者の働き方の違いを表す指標とも考えられます。前者なら、たとえば蔵書量の多い家庭のほうが保護者の学歴も高く、子どもの教育に関心をもっているので、子どもにも高い学歴をつけさせようとして、学校での出来事の話を聞いてくれるのかもしれません。後者なら、蔵書量の少ない家庭のほうが保護者の働き方が多様で、もしかしたら子どもの教育に関心をもっているかもしれないけれど、子どもが起きている時間には働きに出ていて、学校での出来事の話をなかなか聞いてあげられないのかもしれません。褒められることであれ叱られることであれ、保護者が学校での出来事の話をよく聞いてくれることが、勉強しようという姿勢につながるかもしれませんし、そのような機会が少なければ、勉強に意味を見出せなくなるかもしれません。ただ、いずれの事情にせよ、中学生の学校での出来事、つまり個人の努力の一側面を評価してくれたり評価してくれなかったりすることにつながる家庭環境の違いが、蔵書量の差から垣間見られるといえるでしょう。

本が家にあるかどうかという客観的な環境だけでなく、蔵書量に表される家庭の経済状況の違いや保護者との会話量の違いは、中学生の進路希望の形成にどのように影響しているのでしょうか。図表9（前頁）は、まず成績で分類（統制）したうえで蔵書量別に「四大」希望の割合をみたものです。成績が「上のほう」なら、蔵書量の違いにかかわらず、七－八割が「四大」を希望していま す。つまり、成績が「上のほう」の中学生にとっては、進路希望の形成に家庭環境が影響していないといえます。しかし、「中と上の間」と「真ん中くらい」では、「蔵書量多」と「蔵書量少」の間に20ポイントほどの差がみられます。つまり、同じくらいの成績を取っていても、家庭環境の違いによって「四大」希望に差があることがわかります。上野氏が性差別について指摘したように、成績差だけではなく、このような家庭環境の違いもまた進路希望の形成に影響しているといえるでしょう。

以上の分析結果の含意を、子どもの貧困に引きつけて考えてみましょう。内閣府によれば、ここ数年一五％前後の子どもが相対的貧困の状態にあります。四〇人のクラスで考えれば、五－六人にあたります。その子どもたちは、中学生調査では三割ほどを占める「蔵書量少」の中に含まれていて、データで紹介した状況よりもっと厳しい家庭環境にあると想像されます。彼ら・彼女らにとって、いまの生活状況も大変厳しいものであると同時に、いまの時点で、すでに「蔵書量多」や「蔵書量中」の家庭環境の子どもたちと比べて、いやもしかすると紹介してきた「蔵書量少」の数字以上に、個人の努力が評価してもらえないばかりか、努力することすらできない環境にあり、上級学校への進路希望などの将来展望も、短く閉ざされたものとなっていると考えられるのです。

将来につながる問題の縮減・解消に向けて

個人の努力が評価してもらえないばかりか、努力することすらできない環境にある子どもたちの将来につながる問題を縮減・解消するためには、どんな方策が考えられるでしょうか。

公衆衛生や健康の問題に、従来の生物・医学モデルではなく、生物・心理・社会モデルでアプローチしようとする「社会疫学」という学問領域があります。その領域に、「頻繁に余暇時間に文化的活動に参加した人びとは、たとえ初期の健康状態や教育水準の差を考慮しても、そのような活動にはほとんど参加しない人々より有意に長く生きられること」[5]という知見があります。具体的には、スポーツチームや合唱団に所属して、スポーツや芸術の活動をしたり、スポーツ観戦やコンサート会場や美術館に芸術鑑賞に行ったりすること、なんらかの社会集団に所属して活動すること――そこには教会に通うことも含まれる――などです。そのような活動が活動する個人に直接影響するというよりも、その活動をしている人々で構成されている社会の社会的な結びつきが強まること、つまり社会関係資本[6]を蓄積することによって協調行動が引き起こされるようになり、結果としてその社会の公衆衛生状況がよくなったり、人々の健康状態がよくなったりするということです。

そのような活動を、多くの子どもたちが容易に享受できる場として私が期待しているのが、学校の部活動です。たしかにここ二一―三年、教員の多忙状況の要因の一つとなっているという指摘から、部活動のあり方に対する批判的な意見が多くみられるのも事実です。私も、一種類のスポーツや芸術だけを毎日行うのはいかがなものかと以前から思っていました。しかし、批判される以上に、部活動には単なるスポーツや芸術を享受するだけにとどまらない意義や役割があることも示してきました[7]。

その一つに、部活動が中学生にとっての居場所となり、友だちをつくるなど、社会関係資本を蓄積するという役割があります。社会福祉の領域では、子どもの貧困の問題として社会関係資本が少ないことが指摘されていて、問題の改善のために人間関係を豊かにするような取り組みがなされていますが、放課後にそのまま学校で友だちと一緒にスポーツや芸術を享受できる部活動は、そのような取り組みとしてうってつけです。

社会関係資本を蓄積することは、単に健康で長生きすることにつながるだけではなく、よりよい生活環境で生きていくこと、つまり、「短くなく」「閉ざされていない」将来展望にもつながると、私は思います。図表10は、「(授業を習っている) 先生とよく話をする」かどうか、「(部活動の) 顧問と気軽に話す」かどうか、「(部活動の) 外部指導者と気軽に話す」かどうかの三項目を尋ねた質問

図表10　蔵書量別にみた先生・顧問・外部指導者と話すようすに「とてもあてはまる」割合

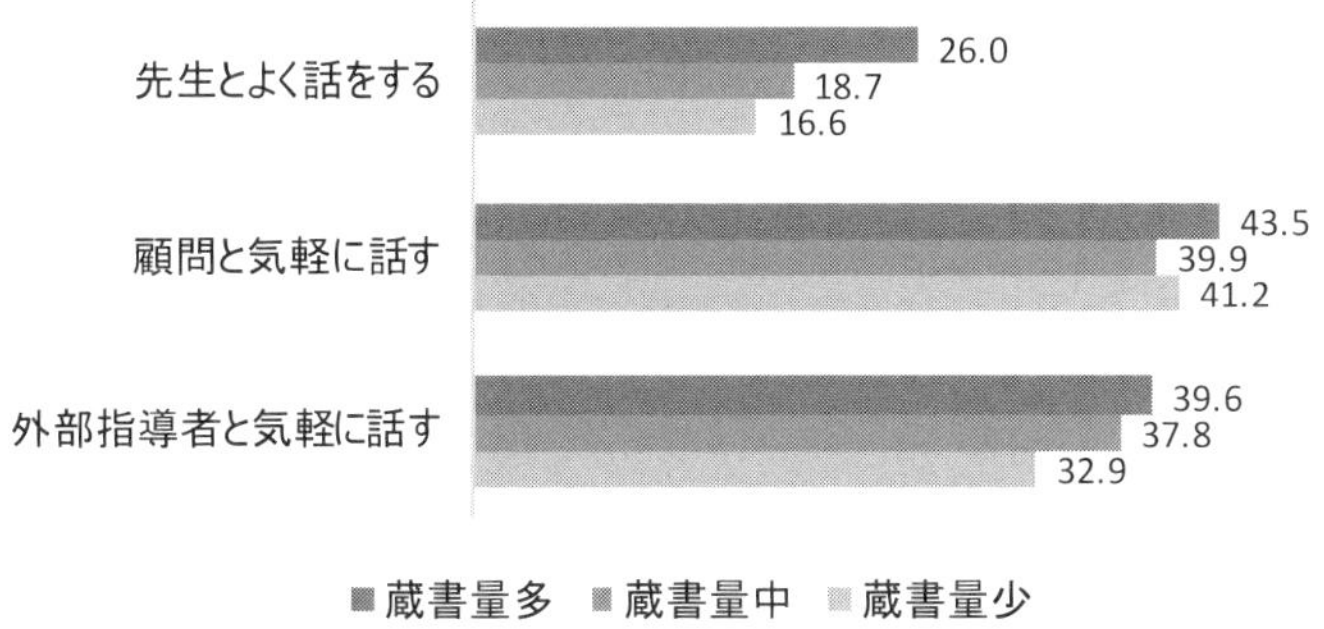

に、「とてもあてはまる」と回答した割合を蔵書量別にまとめたものです。「先生とよく話をする」割合は蔵書量の多い家庭の中学生ほど高くなっていますが、「顧問と気軽に話す」と「外部指導者と気軽に話す」割合には、統計学上、蔵書量による差はみられませんでした。つまり、授業の場面では、蔵書量の多寡に応じて先生と話す量に違いがみられるのに対して、部活動の場面では、蔵書量に関わりなく、顧問や外部指導者と話しているのです。

家庭環境の違いにかかわらず大人と話せる部活動は、中学生にとって個人の努力を評価してもらえる環境の一つになり得るのではないでしょうか。そのような環境で数年間を過ごす経験は、きっと「短くなく」「閉ざされていない」将来につながっていくと思います。部活動が、スポーツや芸術の技能向上ばかりではなく、子どもが社会関係資本を蓄積し、よりよい将来につながっていく役割を果たせるような場となるあり方を模索し、実践していくことで、現時点での子どもの貧困から将来につながる問題を少しでも縮減・解消できることを期待します。

注

（1）上野千鶴子「平成三一年度東京大学学部入学式祝辞」東京大学ホームページ、二〇一九年四月一二日（一六日修正）https://www.u-tokyo.ac.jp/ja/about/president/b_message31_03.html

（2）中学生調査の概要は以下のとおり。
調査タイトル「中学生の部活動と学校生活・日常生活に関するアンケート」
調査対象／岩手県・東京都・新潟県・長崎県・鹿児島県の公立中学校二二校の一、二年生三五〇三人、有効回答票数三一七二票（回収率九〇・六％）
調査期間／二〇一八年一一月二六日—二〇一八年一二月末日
調査方法／教室内での集合自記式調査または持ち帰り調査
主な調査項目／学校生活の様子、部活動への加入状況、参加状況、部の活動状況、指導体制と指導者との関係、部員との関係、部の雰囲気、部活動に対する意識、部活動改革に対する意見、スポーツ・芸術の習いごと経験、文化体験、自己意識、家庭環境、将来観など

（3）「大学進学率　地域差が拡大」朝日新聞二〇一四年一〇月一五日朝刊。

（4）「家に本がたくさんある」かどうかを尋ねた質問では、「あまりあてはまらない」と「まったくあてはまらない」のケース数が少なかった。そこで両者を合わせて「蔵書量少」として、「蔵書量

多」「蔵書量中」「蔵書量少」の三つの値からなる「蔵書量」という変数にまとめ直した。

（5）イチロー・カワチ他『不平等が健康を損なう』西信雄他監訳、社会疫学研究会訳、日本評論社、二〇〇四年。

（6）杉澤・近藤の整理によれば、社会関係資本（ソーシャル・キャピタル）とは、二〇世紀末頃から、社会科学や保健・公衆衛生の領域で注目されるようになってきた概念。まだ安定的な定義は定まっていないが、何を資源と捉えるか、集団に注目するのか個人に注目するのかの違いで、次の二つの定義がよく知られているものである。パットナムの定義「信頼・規範・ネットワークといった社会のしくみの特徴であり、人々の協調行動を促進することで社会の効率を高めるもの」ブルデューの定義「互いの認識と互酬的関係が備わった強固なネットワークを通じて得られる実在あるいは潜在的な資源の集まり」（杉澤秀博・近藤尚己「社会関係と健康」『社会と健康』川上憲人・橋本英樹・近藤尚己編、東京大学出版会、二〇一五年）。

（7）西島央「子供を育む運動部活動の意義と社会的役割――教育社会学の観点から」『運動部活動の理論と実践』友添秀則編、大修館書店、二〇一六年。

＊本稿はＪＳＰＳ科研費（17H02684）の助成を受けた研究成果の一部です。

第5章　今晩、泊まるところのない子どもたち
――子どもシェルターの現場から

坪井節子

私は小さな法律事務所を運営する弁護士です。離婚や遺産分割、不動産をめぐる紛争や交通事故、会社関連の交渉、時には逮捕された人の弁護のために警察署にかけつけるということなど、毎日分刻みで走り回っています。弁護士はそのような法的業務の傍ら、「社会正義の実現と人権擁護」を使命とするとされています。非正規雇用の労働者、公害や原発事故の被害者、ＤＶやパワハラ、障がい者差別や外国人差別の被害者など、社会の中で弱者とされ、人間の尊厳、つまり人権を踏みにじられている人々の相談を受け、共に闘っている弁護士が、大勢います。

私は、一九八六年頃から子どもの人権救済の分野で活動をするようになりました。学校の中で

のいじめや不登校、教師の暴力に苦しむ子ども、犯罪を起こして非行少年として裁かれる子ども、虐待のために命の危険にさらされている子どもたちの相談を受け、共に歩み続けてきました。そして二〇〇四年に、虐待のために居場所を失った一五歳から二〇歳くらいの子どもたちのための緊急避難場所、「子どもシェルター」を開設するに至りました。

ここでは私の体験を通じて、この日本の中で子どもたちが、想像を絶する困難を抱えている現実を知り、その子どもたちと共に生きていくということは、どういうことなのか、一緒に考えていただければと思います。

今晩泊まるところがない子どもとの出会い

少年事件の付添人として、一六歳の少女と出会いました。今から三〇年前のことです。付添人とは、成人でいうなら刑事被告人の弁護人です。子どもの場合は、少年法のもとで、付添人といいます。

私は、覚せい剤取締法違反で逮捕され、家庭裁判所に送られ、鑑別所にいる少女に面会に行きました。彼女は、中学二年の時から暴力団関係者に覚せい剤を打たれ売春をさせられていたと語りました。家庭は崩壊し、小学五年生の時に親に殴られるのが嫌で家を飛び出しました。寂しかった、誰でもいいから傍にいてほしかった、どこへ行けばいいかわからなかったと言っていました。同じような子どもたちのたまり場で「これを吸えば忘れられるよ」と先輩が勧めてくれたのがシンナーでした。

以来シンナーを吸い、自傷行為を繰り返し、中学にあがるころには、悪いと言われることは何でもしました。家出を繰り返し、暴走族に入り、リンチを受け、覚せい剤を打たれたのです。一六歳で心身共にぼろぼろになっていました。私の全く知らない世界でした。「子どもの虐待」という言葉もまだなかったころです。衝撃でした。戦争もなく、飢餓もない日本の子どもは、もっと幸せなはずではなかったのでしょうか。誰がこの子を責められるのでしょうか。

励ます言葉もなく、「あなたは生まれてきたことを誰も喜んでいないと思っているのでしょう。でもあなたの目の前に座っている私は、あなたに生きていてほしいと願っている。それだけは信じて」と、必死の思いで伝えました。

両親は彼女を見捨て、もはや少年院しか行き場所はなかったのです。その結論が見え、荒れて、口をきかなくなった彼女に、私はどうしていいかわからないまま、面会を続けました。彼女の前で、自分が情けなくて、泣いてしまったこともありました。審判の前日、彼女はようやくこう言いました。「夢見たよ。先輩が夢に出てきた。少年院に行っておいで。いい子になって帰っておいでって。だから私、少年院に行ってくるよ。いい子になって帰ってくるからね」と。

私には、人間の力を超えた何かが働いたとしか思えませんでした。虐待をされた子どもは大人を信じられないのです。また裏切られるかもしれないと怯えています。だから人を試さずにはいられなかったのです。試されているなどと気づく余裕もなく、私は面会に通っていました。彼女はどこかで見ていたのでしょう。「少なくともこの人は逃げないらしい。一次試験にはパスさせてあげよう」と、心の扉を少しだけ、あけてくれたのだろうと思います。

しかし少年院から戻ってきた、引き取り手のない一七歳の高校中退の少女の居場所はありませんでした。更生保護施設を介してようやく見つけた住み込み先でも、いじめぬかれ、三か月で追い出されました。歳をごまかし、風俗で働きました。暴力をふるう男につかまり、妊娠し、赤ちゃんを置いて逃げました。キャバクラで働いても、給料を払ってもらえないままくびになりました。

私にはどうすることもできませんでした。時折、突然かかってくる彼女からのＳＯＳの電話に応え、弁護士としてできることがある時には手伝うというだけがやっとでした。暴力をふるう男性と縁を切らせる、払ってもらえない給料をキャバクラに回収に行く、等々。それでも彼女は生き抜いたのです。再婚し、子どもを産み、一生懸命育てました。自分の病気、子どもの障がい、夫の事故。次々と襲いかかる困難に耐えながら。

私は彼女から大切なことを二つ教えられました。一つは、私には、想像を絶する困難を抱える子どもの困難を解決する力などない、子どもを救えるなどと思うのは、思いあがりであり、私は子どもの苦しみに対して、無力だということ。もう一つは、それでも私は、子どもに生きてほしいと祈ることはできる、子どものＳＯＳがあった時に、弁護士として役に立つこともある、細い細いつながりであっても、祈り続けていたら、子どもはこれを頼りに生きていってくれることもあるのだということです。この二つの教えが、それからの私の子どもと共に歩む道を照らし続けてくれています。

しかし、どうしてこれほどまでに、子どもが苦しまなければならないのでしょうか。この日本には、今晩帰る場所がない子どもを、安全に匿ってくれる場所がないのでしょうか。その思いは、虐待を受け、逃げる場がなかったために、非行に陥っていく子どもと出会うたびに、強くなっていきました。

児童福祉の現場で

児童養護施設での職員による子どもの虐待事件や、施設内でのトラブルのため、無理やり親元へ帰されてしまった子どもがさまよう姿にも出会うようになりました。職員からの虐待のため、心身に深い傷を負った子どもたちの、損害賠償請求事件の代理人となりました。事件の関係者に法廷で虐待の事実を証言してもらう証人尋問の打ち合わせのために、子どもがひとりで住む自宅を訪ねたのですが、誰もいません。電気もガスも止められていました。一時間ほどして戻ってきた子どもは、行きずりの男と入ったホテルから逃げてきたというのです。打ち合わせどころではありませんでした。カビだらけの炊飯器や冷蔵庫を掃除し、ガス代や電気代を支払って生活できるようにしなければなりませんでした。そして、どこで生活しているのかわからない彼女を、尋問の日に必ず出席してもらうため、前日からホテルに一緒に泊まって、裁判所へ同道しました。

児童養護施設出身者を支援する市民や新聞記者の中には、私生活を犠牲にしてまでこうした子どもたちの生活を支えてくれる人もいましたが、法律事務所を経営し、他にも多くの仕事を抱えた弁護士には到底できないことです。子どもの法的支援を実現するためには、子どもが落ち着いて食事や睡眠をとることができ、医療を受けられる緊急避難場所が必須だったのです。

子どもの人権救済センターの相談でも

一九八六年に開始された東京弁護士会子どもの人権救済センターの電話相談は、当初、いじめや不登校、教師による暴力の相談がほとんどでした。しかし一九九〇年代中頃から、次第に虐待にからむ相談が増えており、現在は相談の約半数が、親子関係や虐待に苦しむ子どもたちの相談となっています。

「長いこと、祖父にセックスを強要されてきた。母に相談したら、自分はすぐには逃げられないので、あなただけでも逃げなさいと言われた。児童相談所に電話をしたら、一八歳は保護できないと言われた。どうしたらいいのですか」。福祉事務所に電話をしても、すぐに保護できるところはないといいます。最近マンションを購入した、子どもの電話相談も担当している女性弁護士を思い出し、今晩泊めてもらえないかと頼み込みました。引き受けてくれたので、待ち合わせ場所を決め、逃げる段取りを整えました。結局数日泊めてもらうことになり、その間に母親と連絡をとり、母親も家を出る決意をし、一緒に避難することができたのでした。

「父親に殴られ続けている、もう一発だって殴られたくないから家を出てきた。でも、どこへ行けばいいの」。今度は一六歳の少女でした。児童相談所を紹介し、こちらからも電話を入れておいてから、出向くように連絡しました。ところが、彼女から再度電話がありました。「児童相談所では虐待と言えるかどうか直ぐにはわからないから保護できないと言われた。わがまま言わず、親に頭を下げて家に入れてもらいなさいって」。

驚きました。困りました。そんな所を紹介してしまったのかと、情けなくなりました。「もういいです。彼氏と相談して自分でどこか探します」と電話を切られてしまいました。せめて私が一緒に児童相談所まで行くべきだったと思いました。子どもが弁護士会や児童相談所にまで相談をしてくるということは、余程のことです。にもかかわらず大人たちは相談にのるふりをして、子どもを見捨てたということなのです。彼女は大人への信頼をまた一つ失ったのだと、たまりませんでした。このような支援の仕方では、子どもの信頼をつなぎとめることはできないと思いました。

ＥＣＰＡＴ活動から受けた衝撃

一九九一年頃から、アジア観光における子ども買春根絶国際キャンペーン（End Child Prostitution in Asian Tourism, ECPAT）が始まっていました。日本からの旅行者やビジネスマンが一〇歳にも満たない子どもたちに性交渉や性的虐待を行っている例もありました。その事実を知った時には、とにかく驚きました。日本の子どもたちの人権侵害以上に、海外にはもっとひどい現実があったのです。日本弁護士連合会に問題を提起し、仲間の弁護士とチームを作り、フィリピンやタイでの国際会議に出席し、現地のNGOから様々な情報を得て、被害の実態を見聞きしました。その中で最も私が強く感銘を受けたのが、マニラの国立施設マリラックや、オロンガポでカトリックの司祭が運営していたプレダなど、虐待から救い出された子どもを保護している団体の活動でした。

子どもと生活を共にする職員のほか、医師、臨床心理士、学習や就労支援を行う教師、ソーシャルワーカーらが、ひとつの施設の中で、常に共に活動しているのです。その中に複数の弁護士が常駐し、虐待者の告発や損害賠償などの法的支援活動を行っていました。プレダの運営者は次のように語りました。

虐待を受けた子どもたちは、自分が無価値であり、汚れていると感じ、自分を責めている。そのような子どもが、法廷で自分が受けた被害を堂々と供述するのは、それは自分が被害者であって、被害を恥じる必要はない、これ以上自分を責める必要はないということを確信するために有益であり、子どものエンパワメントの最終段階である。

傷つけられた子どもの人権の回復支援は、様々な立場の人々が、子どもの権利保障の理念のもとでの協働により、行われる必要があるということ、そして、弁護士にもその過程での役割があるということを、明確に教えられたのです。このような活動を、日本でも実現したいと切実に願いました。

女性シェルターとの違い

ＤＶ被害を受けた女性のシェルターを運営している人に、子どもシェルターを作ってもらえないかと問いかけました。「それには二つの大きな壁がある」との答えでした。一つ目は親権の壁。配偶者から逃げてきた妻を匿う民間のシェルターには、夫の権利を侵害しているわけではないので、法的には何ら問題はありません。しかし未成年者を親権者から匿うことになると、親権侵害だ、誘拐だと攻撃されることになるのです。それができるのは児童福祉法に基づき、一時保護の権限をもつ児童相談所だけなのです。二つ目は、運営資金。利用者の成人女性は、それなりの生活費を準備して逃げてきます。利用料を負担してもらうことができます。しかし子どもは丸裸で逃げてくるのです。シェルター側で運営費の丸抱えになります。民間シェルターでは無理だというのです。

なるほどと思いました。この二つの壁を越えなければ、子どもシェルターはできないことが明確になりました。

もがれた翼パート9「こちら、カリヨン子どもセンター」の上演

そこで、子どもシェルターの夢を、芝居を通して市民に投げかけてみることにしました。東京弁護士会子どもの人権と少年法に関する委員会では、一九九四年に国連子どもの権利条約が批准された年から毎年一作、「子どもたちと弁護士がつくるお芝居 もがれた翼*」を上演してきました。弁護士が活動を通じて知ったいじめ、虐待、非行に苦しむ子どもたちの実情を、お芝居の形で市民に訴えようと始めた活動で、二〇〇二年は九作目でした。

当時は私が脚本を担当していました。職員が二四時間子どもと暮らすシェルターがある、子どもの人権救済活動に従事する弁護士が働く事務所がある、医師やカウンセラーも来てくれる、そんな夢の子どもシェルターを舞台に載せてみたのです。脚本を書いている時に訪れた教会で、礼拝の前にきれいな鐘の音色が聞こえました。「カリヨン」だと説明を受けました。ヨーロッパの教会の塔にある大小様々な鐘を釣り下げた楽器だそうです。日本には電子カリヨンしかないそうですが。いいなぁと思いました。一人ひとりの子どもは皆ちがった音色を響かせる、その音色が響きあうときに美しいメロディーになるという意味をこめて、芝居の中のシェルターを「カリヨン子どもセンター」と名付けました。この芝居をきっかけに、弁護士や市民らが「本当に子どもシェルターを作ろう」と声をあげてくれました。「カリヨン子どもセンター設立準備会」が結成されたのです。

子どもシェルター開設までの道のり

準備会議は毎月開かれ、議論が重ねられました。親権問題は、一人ひとりの子どもに弁護士を選任する形で解決をはかることになりました。子どもの代理人として弁護士が親と対応をし、子どもの意思でシェルターに避難してきたこと、誘拐でも監禁でもないこと、虐待は親権の濫用であることを主張して、子どもを守るという構想です。相談窓口は、東京弁護士会の子どもの人権救済センターが引き受けることとなり、原則として、相談を受けた弁護士が、子ども担当弁護士に就任するというシステムができました。この弁護士費用は、弁護士から会費を徴収して運営する、「子どもの法律援助制度」から出してもらえることとなりました。

一八歳未満の子どもについては、児童相談所が一時保護を決定する形でカリヨンに一時保護委託の措置をとれないかという案が出されました。児童相談所（児相）出身メンバーの尽力もあり、東京都の児相と協定が結ばれ、一八歳未満の子どもは、カリヨンが虐待通告をして、児相の一時保護委託を受けることとなったのです。

財源については、新聞やテレビが報道をしてくれたこともあり、市民や団体、企業から思いがけない寄付の申し出がたくさんあり、建物の提供も受けることができました。児童福祉の現場経験のあるメンバーや市民が職員となり、ボランティアスタッフも集まりました。ＮＰＯ法人の設立手続きには弁護士メンバーが奔走しました。一年半の間、夢に向かって走り続け、二〇〇四年六月、

NPO法人カリヨン子どもセンターが設立され、日本で初めての子どもシェルター「カリヨン子どもの家」が活動を開始したのです。

子どもシェルター活動を支える理念

子どもは、突然飛び込んできます。その家族関係、抱えている課題、病気、能力、嗜好など、すべて子ども本人から聞き取るしかありません。三食手作りの食事、自分で鍵をかけられる個室。それでも不満は吹き出します。ストレスを貯め、不調を訴え、病院通い。職員のとりあいが起こり、注意を引くために暴言や暴力、時には「死にたい」とつぶやき、自傷行為に及びます。その一つ一つが本当に自分は大切にされているのか、裏切られてひとりぼっちにされることはないのかという不安、怯えからくる試し行為なのだとわかっても、大人たちは振り回され、くたくたになりました。

乗り切るためには、シェルターの基本理念を、明確にする必要がありました。私はそれまでの子どもたちとの様々な出会いから、子どもの人権とは、次の三つの柱を保障することだと理解してきました。

① 生まれてきてよかったね。ありのままのあなたでいい。

② ひとりぼっちじゃないんだよ。

③　あなたの道はあなたが選び、あなたが歩いていい。

カリヨンの活動のすべてが、この三本の柱を立てていくことを念頭に行われるべきという点を、繰り返し職員や担当弁護士と共有し、対応を工夫しました。

さらに、子どもを真ん中にしたスクラム連携の発想が培われてきました。子どもを決してひとりにしない、それと同時に支援する大人もひとりにしない。役割、機関は違っても傷ついた子どもに向き合う、弱い大人たちとしてしっかりスクラムを組もう。私たちには子どもの人生を解決する力などない。情報を常に共有し、一緒に考え悩み、子どもの話を聞いて、子どもが選択をするのを待つ。それが活動指針となりました。

そのために職員、弁護士、児童福祉司や家庭裁判所調査官、保護観察官らとスーパーバイザー、そして子ども自身が一緒に出席する「ケース会議」に重要な位置づけが与えられるようになりました。関係者が、毎日メールで子どもの状況を共有する仕組みも作りました。

どんなに試しても暴れても、このスクラムが崩れないとわかったとき、色々な仕方で子どもが心を開いてくれる瞬間がくるのです。拒んでいた食事を食べ始めたり、ぽつぽつ話を始めたり。「雨の音や風の音が聞こえる」とか「空ってきれいだね。初めて空見た。ずっと下向いて生きてきたから」と語る子がいました。「何で出て行けって言わないんだ」と凄まれ、「出て行けっていったら、死ねっていうことじゃない。私たちはね、子どもの命が守りたくてシェルターを作ったのよ。

口が裂けても出ていけとは言わない」と切り返したら、わっと泣き出し「出ていけって言われなかったの、初めてだよ」と言った子もいました。

その瞬間、見えるのです。「本当は生きていきたい。本当は愛されたい」という小さな炎を、どの子も燃やしている。その炎が見えたとき、「ああ、これでこの子も生きていける」とほっとします。ひとりぼっちではない、一緒に悩んでくれる人がいる、私は生きていていいということが実感できて初めて、未来に顔を向けることができるようになるのだと思います。

カリヨン子どもセンターの活動の広がりとさらなる連携へ向けて

実際に活動を開始して、シェルター利用者の四分の三は女子だったことは予想外でした。男女兼用で始めたシェルターでしたが、思春期の傷だらけの男女が一緒の小さな家で過ごすのは、とても難しいことでした。長く虐待をされながら、家出、非行という形でSOSを出すことができず、シェルターの存在を知ってようやく避難してくるのです。

しかも、シェルターの滞在期間は一、二か月。その中で親との関係調整をして自宅に戻れた子どもは六人か七人にひとりです。多くの子どもは家には戻らない道を選びました。ほとんどが高校中退。すぐ就職してひとり暮らしをすることは困難です。

そうした子どもの支援活動をしている児童自立生活援助事業、自立援助ホームというものがあります。そこで二〇〇五年四月、子どもシェルターに続いて、一、二か月のシェルター滞在を終えた子どもたちのために、まずは男子専用の自立援助ホーム「カリヨンとびらの家」を開設しました。この施設では子どもと職員が一緒に生活をして、就労、通学などをしながら、生活費を蓄え、自活ができるようになるまで、中長期的な支援をします。子どもは月額三万円を寮費として納入します。転居後も、実家のように、また職員が訪問をして、アフターケアに努めるというものです。その後、二〇〇六年三月には女子の自立援助ホーム「カリヨン夕やけ荘」を開設し、男子専用シェルターの夢は二〇〇九年三月「カリヨン子どもの家ボーイズ」として実現しました。

避難してきた子どもたちの生活の場を整えた後、必要なものは何かを私たちは考えました。幼い時に楽しく遊んだ記憶のない子どもに、生きるのは辛いことばかりではないということを知ってもらうには、どうしたら良いのか。そのようなニーズから、二〇〇八年一一月に「カリヨンハウス」が生まれました。子どもがやってみたいと思える音楽、スポーツ、リラクゼーションなどのメニューを様々に用意し、プロ級のコーチと楽しく遊んでもらう機会を提供することを目的としました。バーベキュー、クリスマスなどOG、OBも参加できるイベントも企画します。高卒認定試験や専門学校受験勉強に取り組みたいという子どもの個別学習にも根気よく伴走しています。

法人基盤の強化にも着手しました。サポーターの厚い支えを受け、二〇〇八年四月、社会福祉法人として認可を受けることができました。支援者が、寄付控除を受けられるようになり、財政基盤強化につながりました。

次の目標は、子どもシェルターの公的制度化でした。各地で子どもシェルター活動を始めたNPO法人と共に厚生労働省（厚労省）への陳情を続け、二〇一一年二月、日本弁護士連合会（日弁連）の意見書が出されたことを契機に、子どもシェルター全国ネットワーク会議を発足させ、具体的実現に向けて厚労省との協議を始めました。

厚労省は二〇一一年七月、「子どもシェルターに自立援助ホームを適用する場合の留意事項」と題する通知によって、子どもシェルターの特質を明確に条件化した上で、自立援助ホームの特別形態として認可の道を開きました。順次各地のシェルターが認可を受け、二〇一九年の時点で一九法人がシェルター運営に着手し、さらに数法人が開設準備にあたっています。

社会貢献をめざす企業や団体との連携により、奨学金や資格取得支援金が実現し、カリヨンが事務局となって、全国の子どもシェルターや自立援助ホームでも利用できる制度も生まれました。

このように次々と出てくる子どものニーズに対応するため、カリヨンは柔軟に変容し進化していったのです。開設から一五年間でシェルターを利用した子どもは、一五歳から一九歳まで延べ四三〇名を超えました。

現在の新たな課題は、カリヨン利用者が成人をした後、どのように支援を継続していくかということです。深刻な虐待を受けた子どもの社会的自立は、容易ではありません。失職、病気、事故、妊娠出産、DV被害などの中に孤独な若者をひとりぼっちにしておくことはできません。しかしそのSOSに対応することは、職員や弁護士個人では非常に困難で、法人も十分に対応する余裕はないのです。二〇一八年三月、民法改正案により、一八歳成年制が決定し、二〇二二年四月の施行を目指すことになりました。児童福祉制度による支援を離れた困難を抱える若者に、どのような取り組みが可能なのでしょうか。これからのカリヨンに突きつけられている、喫緊の課題です。

イエス・キリストとの出会い

カリヨンの活動について語っていると、私は、いかにも虐待の最前線で、勇猛果敢に戦っている人間のように、思われるかもしれません。しかし、実はそうではないのです。虐待問題が怖くて怖くて、逃げ回っていたのです。

殴られながら、ののしられながら、自分が悪い子だからいけないのだと自分を責め、何とか愛されたいと必死になって親の顔色を窺い、ごめんなさい、ごめんなさいと泣きながら、誰にも助けてもらえずに、死んでいった子どもたち。どれほど寂しかっただろう、どれほどの暗闇にいたことだろう、どれほど途方にくれていただろう。そう思っただけで、自分の体が固まってしまい、身動きがとれなくなってしまうのでした。学校問題や少年事件という分野であれば、子どもの相談を受けて、何とか代理人、付添人として一緒に歩いていくということはできても、虐待問題を引き受けることはできないと諦めていました。

一九九四年のある日、児童養護施設内の子どもの人権問題を訴えてきた施設職員に勧められ、一冊の本を読みました。倉岡小夜『和子六才いじめで死んだ』（ひとなる書房、一九九二年）という、関西の児童養護施設で起きた六歳の少女のリンチ死事件をとりあげた本でした。ショックなどというものではありませんでした。パニックでした。なんで、こんなことが起きるのか。親元から救い出され、施設で暮らしだした子どもが、そこで暴力を受けて死ななければならないなどということなど、あってたまるか。この子はなんで生まれてきたんだ。何のために生まれてきたんだ。いったいこの子の流した涙は、この子の流した血は、だれがぬぐい、だれが受け止めてくれるのか。せめて生きていてくれたら、誰かがいつか、抱きしめて、辛かったねと言ってあげられたかもしれないのに、死んでしまった子は、いったい誰が抱いてあげるのか。どうしていいかわからず、一晩中泣き続けていたのです。

その時、唐突に、「祈る」ということを思い出しました。私はクリスチャンホームに生まれ、幼児洗礼を受け、教会学校へ通う、いわば優等生でした。しかし高校生の時に教会に疑問を感じ、息苦しくなり、教会を離れたのです。キリスト教に代わる何かを探さなければならず、手あたり次第に文学書や哲学書を読みました。無神論的実存主義哲学に出合い、サルトルやニーチェを読み漁りました。神は死んだ、人間は自由に自らを選択できるというメッセージに狂喜し、耽溺し、大学は哲学科に進み、ハイデッガーを卒論に選んだのです。聖書を離れ、祈りも忘れました。

資格をとって、経済的に自立を目指そうと司法試験を受け、弁護士になり、仕事と家庭と子育てに忙殺され、神のことなど思い出すこともなく、教会を離れて二四年が過ぎていました。それなのに、この夜、唐突に祈るということを思い出したのです。

祈り方もわからないまま、「神様、私はあなたを裏切った人間です。だから私はどうなっても仕方がないと思っています。でも和子ちゃんだけは抱いてあげてください。あの子を抱いてあげられるのは、あなたしかおられない」と祈り続けたのです。

すると明け方近く、枕元に、会ったこともない和子ちゃんが立って、私の顔をのぞきこんだのです。「なんで泣いているの。泣いていたって、ひとりの子どもが救えるわけでもないのよ。あなたがそんなに悲しいなら、私のような子がひとりでも減るために、あなたができることをしなさいな。あなたがそんなに弱虫なら、私の魂を分けてあげる」。そういって、和子ちゃんは、自分の胸にぼーっと燃えている炎に、持っていた細い棒を触れて、小さな炎を棒の先に移し、私の心臓の上にとんと置きました。私の心臓に、ぽっと小さな炎が燃え移りました。

起き上がった私は、その日、虐待問題への関わりを誘ってきていた仲間の弁護士に、「怖いけれど、私もできることを、少しでもやってみる」と連絡をしたのです。それから恐る恐る、虐待の領域へ踏み込んでいきました。私の最初の仕事は、所属している東京弁護士会の子どもの人権と少年法に関する委員会の中に、虐待と児童養護施設問題を扱うチームを作るため、檄文を書くことでした。その次には、『和子六才いじめで死んだ』を劇にして、市民に訴えるという企画の制作を担いました。これが現在まで続く「もがれた翼」シリーズの発端ともなったのです。

虐待の只中にいる子どもと出会い続けることは、やはり辛いものでした。大人を信じてくれない子どもたちに、何度も何度も突き放され、なすすべもなく、己れの無力を嘆き続けるしかないことばかりでした。しかし、祈ることで前に進むことができるようになったのです。「神様、あの子のそばにいてあげてください。あの子を守ってください。私にはどうすることもできません。あなたにお任せするしかありません。でももし、私にできることがあるのなら、お示しください」と祈ることで辛い現実という心の重荷を一人で背負いこまずにすむようになりました。これがどれほど、私の支えとなったことでしょうか。そして祈りは、必ず聴かれました。私が願うようにではなかったし、時には残酷な結末を見せつけられることもありましたが、それでも神は私の祈りを聴き届けてくださったと信じられる体験が重なっていきました。

そうこうするうちに、私の目の前に、十字架がたちあがってくる、そのような思いに辿りつきました。なんの罪もない子どもたちが、残酷な虐待により殺され、傷つけられていく。私たちは、その子どもたちに最後まで寄り添い続けることはできない。けれども、この世で全く無垢であるにもかかわらず、最も残虐な十字架刑により死刑となったイエス・キリストだけが、あの子どもたちの苦しみを最後まで共にし、あの子たちを抱きしめながら陰府にくだり、そしてあの子たちを天に伴ってくださることがおできになる。そのイエス・キリストは、私にも最後の最後まで、寄り添ってくださる方なのだ、ということが、胸に迫ってきたのです。ようやく教会に戻ることができました。そして、二〇〇〇年のイースターに信仰告白をして、クリスチャンになったのです。

カリヨン子どもセンターの活動が始まったのは、それからまもなくのことです。今にして思えば、すべて神のご計画なのだと信じるしかありません。思いもしなかった現場で働き続けることになり、イエス・キリストに常に寄り添って頂きながら、苦しみのただ中にいる子どもたちと共に生きる道を、探し続けています。

子どもに寄り添うとは

子どもに寄り添うとはどういうことなのかを改めて考えています。それは、想像を絶する苦しみを経てきた子どもたちを前に、己の無力を痛感することから始まりました。そしてどうすることもできない苦しみの中にいる子どもの現実から目を背けず、耳をふさがず、おろおろしながらも共に歩み続けるうちに、子どもから支えられ、教えられ、導かれていることに気付きました。

子どもたちが求めているのは、回答でも救済でもなく、ひとりぼっちにしないでということなのだということを、痛感させられています。私たちに、この子の人生を解決することなど、できないのです。ただただ、この子を二度とひとりぼっちにしてはいけない。それだけです。

でも私たちはひとりでは何もできない。だから多くの人とつながり、スクラムを組んで、この子を真ん中に抱きしめ続ける。ただただ、子どもの話を聞き続け、あなたをひとりぼっちにしないという思いを伝えながら。そこから、新たな知恵も勇気も与えられ、希望が生まれると信じています。

〔付記〕「子どもたちと弁護士がつくるお芝居　もがれた翼」について

いじめや虐待、少年犯罪などについてその時々の話題を取り上げ、毎年芝居にしている。二〇一九年までの上演作品は次の通り（詳細は東京弁護士会ホームページ https://www.toben.or.jp/know/iinkai/children/tsubasa/）。

「虚構の爆音――俺たちは、走ってない」（一九九四）
Part 1「なぜ退学なの」（一九九四）
Part 2「和子6歳、いじめで死んだ」（一九九四）
Part 3「いじめの構図」（一九九五）
Part 4「凍りつく声」（一九九七）
Part 5「プライド」（一九九七）
Part 6「Help Me――誰か愛して」（一九九九）
Part 7「とびらの家で」（二〇〇〇）
Part 8「モーリからの贈り物」（二〇〇一）
Part 9「こちら、カリヨン子どもセンター」（二〇〇二）
Part 10「「ただいま。」大丈夫……一緒に生きていこう」（二〇〇三）
Part 11「響け、カリヨン」（二〇〇四）
Part 12「ひとりぼっち」（二〇〇五）
Part 13「スペクトル」（二〇〇六）

Part 14「地図のない教室」（二〇〇七）
Part 15「LINK――あなたが、立ち上がるまで」（二〇〇八）
Part 16「あの橋をわたって」（二〇〇九）
Part 17「雨の記憶」（二〇一〇）
Part 18「私のあした」（二〇一一）
Part 19「教育虐待――僕は、あなたのために勉強するんじゃない」（二〇一二）
Part 20「虹がかかるまで――本当は、いじめは嫌なんだ」（二〇一三）
Part 21「ひとりぼっちの子守歌」（二〇一四）
Part 22「家族のカタチ」（二〇一五）
Part 23「学びの切符」（二〇一六）
Part 24「ヒーローたちのラプソディ」（二〇一七）
Part 25「パッチワーク」（二〇一八）
Part 26「素数とくるみ」（二〇一九）

Column　自立援助ホームで暮らす子どもたち

浜田進士

私は、二〇一二年より奈良市にて自立援助ホーム「あらんの家」の設立にとりくみ、現在はホーム長をつとめています。ともに暮らしている子どもたちは「お金やモノの欠乏」だけではなく「関係性の貧困」によって、生まれながらにもっているチカラを奪われています。

自立援助ホーム「あらんの家」は奈良県で最初の児童自立生活援助事業として二〇一三年四月に開設（男子ホーム六名定員）しました。自立援助ホームとは、経済的貧困・虐待・保護者の病気や失業などを理由に家族と暮らす権利をはく奪された一五歳からおおむね二〇歳まで（高校などに通学している場合は二二歳まで）の青少年に対して、居所提供・生活支援・就労支援・退居者支援・社会的自立の促進を行う社会的養護の小規模施設です。一九九八年児童福祉法による第二種社会福祉事業として位置づけられ、二〇〇九年には児童保護措置制度に組み込まれ急増しました。二〇一九年現在、全国に一六九か所が運営されています（坪井節子さんが第5章で紹介している「子どもシェルター」と類似の施設です）。

「あらんの家」は奈良市内にある一戸建て。二階に六つの個室と入居者が集えるフリースペースを持ちます。一階にはダイニングや多目的ルーム（卓球台やピアノ・TVを設置）・浴室・事務室・和

室などがあり、家庭的環境のもとでの養護を目指していま
す。
二〇一九年三月現在六名（一七歳二名、一八歳二名、一九歳二名）が利用しています。また常時八名の退居した子どもの支援（アフターケア）を行っています。ひとり暮らしをしている退居者宅や就労先へアウトリーチ（訪問支援）も頻繁に行っています。児童養護施設だけではなく、一時保護所を経由して家庭からも受け入れています。さらに保護観察や試験観察中の児童を在宅保護観察・補導委託先として受け入れています。利用者は、就労して毎月の寮費を払い、貯金をしながらひとり暮らしを目指しています。高校を中退した利用者が多いが、最近は通信制や定時制高校で学びなおすケースが増えています。入居期間はおおむね一年間ですが、個々の状況に応じて柔軟に対応しています。

ここで私が「あらんの家」で出会った一九歳の男性のケースを紹介します。彼はどのように生きるチカラを奪われていったのでしょうか。そして、「子どもの権利条約」のうちどのような権利が奪われたのかを考えて頂きたいと思います。

二六インチの自転車がカチッと止まる音、家の玄関のドアに鍵が差し込まれガチっと開く音、お風呂のドアが開く音、二階で物音がして階段から下りてくる音……。

大学の二回生になり、ひとり暮らしをしている今でも、それらの音が夢の中に出てきます。父の暴力は当初、母に対するものだけでした。次第に兄や私へ虐待のターゲットが移りました。私たち家族への暴力がエスカレートしたのは、私が小学校五年生の時からです。父は長く勤めていた会社を辞めざるをえなくなり、タクシーの仕事に転職しました。勤務が不規則で、一日家にいない日があるかと思うと、夜勤明けの非番の日は一日中、家にいます。父はストレスから兄を中心に殴っていました。私は逃げたけど、兄は逃げられませんでした。父が勤務の日は父親の見送りをするため、朝五時から寒い日も直立不動で立たされました。父の言うことをきかないと私も何度も殴られました。骨折はしませんでしたが、アザは何度もできました。兄は、髪の毛を鷲づかみにされて振り回され、壁に放り投げられていました。母も、兄も、私も、すべて父親の指示で動いていました。

そんな生活が続き、やがて中学校に入学しますが、中学二年生の時から、クラスの生徒からあるきっかけでいじめにあうようになりました。教室では、私は孤立してしまいました。どんないじめがあったのかは、言いたくありません。

中学三年生になって、父との関係がさらに悪くなり、とうとう家にも学校も居場所がなくなってしまいました。放課後や土日は、ずっとコンビニとファストフード店とショッピングセンターを、行ったり来たりしていました。コンビニのフードコーナーでカップラーメンばかり食べて時間をつぶしていたことを思い出します。毎日来ていても、店の人は追い出そうとはせずに、だまって見ていてくれました。

中三の秋、母は警察に相談し、三人で家を飛び出した結果、母子生活支援施設というところに逃げることができました。安心して受験勉強ができたおかげで、第一志望の高校に合格できました。そこでは話を聴いてくれる担任の先生や友だちにも恵まれて、いじめはなくなりました。何とか生き残ることができたのです。

このままの生活が続くかと期待していたところ、兄も母も施設での生活を嫌がったため、母子生活支援施設を退所せざるをえず、三人でアパートを借りて生活を始めました。

しかし、不幸なことに父にみつかってしまい、私たちはしかたなく自宅にもどることになりました。母はあきらめていました。兄は父からの暴力から逃れられず、さりとて母子生活支援施設にも入れず、結局はもともとあったチカラを奪われてしまいました。最終的には大学も三浪して、自宅にひきこもっています。私は、放課後、ぎりぎりまで家に帰らず、元の施設の人に話を聴いてもらい、どうしたらいいか相談し続けました。

そして、運命の日、私は、自宅近くの警察署に保護願いを申し出ました。そのとき、警察が「ネットカフェにでも行けば」と言ったことは、今でも許せません。私はなんとか再度助けを求め続け、児童相談所の一時保護所というところに逃げることができました。これでやっと安心して生きていけると思うと心から嬉しかったです。

ただし、一時保護所では高校に通うことができません。すでに高校三年生の一学期、このまま期末試験を受けなければ、大学受験のための調査表を書いてもらうことができません。児童相談所のケースワーカーさんの努力で、自立援助ホームに移り、なんとか高校に通って一学期の期末試験を受けることができました。その後は児童養護施設に卒業まで過ごし、国の貸与型奨学金を受けて、現在は大学に通うことができています。祖父母や母も、そして父も支援してくれることになりました。

彼は、同じように虐待で傷ついた仲間同士のチカラ、愛情を注いで下さるまわりのおとなの支えが、バネのように跳ね返すチカラになったと語ります。

＊ 自立援助ホーム「あらんの家」について、詳しくはホームページ（http://web1.kcn.jp/arannoie/）をご覧ください。

第6章　人はパンだけで生きるものではない
――貧困の子どもとスピリチュアルペイン

前田美和子

二〇〇九年一〇月、厚生労働省は日本の子どもの相対的貧困率が一四・二％、すなわち一八歳未満の子どもの六人に一人が貧困であることを公表しました。太平洋戦争の敗戦から七〇年以上経ち、日本は立派に復興を遂げて世界の中でも有数の経済大国となったという自負、国民の大半はある程度豊かな生活を送ることが出来ており、もはや貧困はなくなったという意識が多くの人にあったこと、さらに相対的貧困についての理解があまり得られていなかったことも加わって、この発表は多くの人に大きな衝撃を与えました。しかしその後、子どもの貧困問題は徐々に知られるようになり、二〇一三年、「子どもの貧困対策の推進に関する法律」が制定、二〇一四年には「子どもの貧困対策に関する大綱」が閣議決定されました。ここでは「子どもの将来が生まれ育った環境によって左右されることのない社会の実現」が基本理念に据えられ、（1）教育の支援、（2）生活の支援、（3）保護者に対する就労の支援、（4）経済的支援といった項目ごとに当面取り組む重点施策が掲げられています。[1] 多くの人を驚かせた公表から一〇年経ち、このように現在は行政機関やNPO等の支援団体、企業等が連携し、官民問わずさまざまな調査、研究、議論、対策などが進められています。

ところが子どもの貧困はその実態が捉えづらく、見えにくい貧困だと言われています。そのため子どもたちにとって本当に必要な支援がなされているのかということについては、今後さらに実態を把握し、検討される必要があるといえます。

そこで本章では、これまで語られることのなかった貧困の子どもたちの抱えている「スピリチュアルな痛み」、すなわち「スピリチュアルペイン」について述べます。そして、それに対してどのような支援が必要であるかについて、一緒に考えてみたいと思います。

貧困の子どもの居場所問題について

第2章で宮本みち子さんが詳しく説明されていますが、子どもの貧困問題について、日本より一足先に対策を講じてきた国の一つにイギリスがあります。

イギリスでは一九八〇年頃から子どもの相対的貧困が急速に増加しました。[2] 一九九九年、ブレア首相（当時）は二〇一〇年までに子どもの貧困率を半減、二〇二〇年までに子どもの貧困を撲滅することを掲げ、児童手当の増額と給付付き税額控除の導入、公的保育の拡充、児童信託基金の導入など、様々な政策を実行しました。その結果、「二〇一〇年までに子どもの貧困の半減」という目標こそ達成されませんでしたが、子どもの貧困率は一九九九年の二六％から二〇一〇年は一八％へと低下しました。[3]

こういった政策がとられる中、イギリスのバース大学の社会・政策学者テス・リッジは、それまで進められてきた貧困状態の子どもの問題に関する議論や社会政策が、子どもを不在にして進められてきたことを憂慮しました。リッジは子どもたちへのインタビュー調査による質的調査と、「イギリス世帯パネル若者調査」のデータ分析による量的調査をもって、「子ども中心」の調査を行いました。その結果、貧困の子どもの多くは友人たちと会うことや社会イベントにも一緒に参加できないことから、貧困によって友人関係が損なわれたと感じ、友人たちから排除される危険を大きく感じていることがわかりました。また貧しいことで他人と違って見られ、それゆえに社会的制裁を受けることへの恐怖や、自分の将来や人生に対してうまくやれないのではないかという不安、社会に溶け込むことに対する不安などを抱えていることがわかりました。[4] つまり、貧困の子どもにとっては物質的な事柄に対する不満や欲求だけでなく、もっとも恐れているのは他者との関係性や居場所についての不安であることが明らかになったのです。

では、日本の場合はどうでしょうか。まずは貧困の子どもと学校生活における居場所について見てみましょう。

子どもの貧困問題に取り組む社会政策学者阿部彩氏はＯＥＣＤが二〇〇三年に行った「学力到達度調査（ＰＩＳＡ調査）」を用い、子どもの学力や学校生活について調べました。ここで阿部氏は、どのような子どもが学校で疎外感を感じているのか、ＯＥＣＤが作成した社会経済階層（「ホワイトカラー上」「ホワイトカラー下」「ブルーカラー上」「ブルーカラー下」）別に親の職業と学歴から結果を集計しました[5]（図1）。

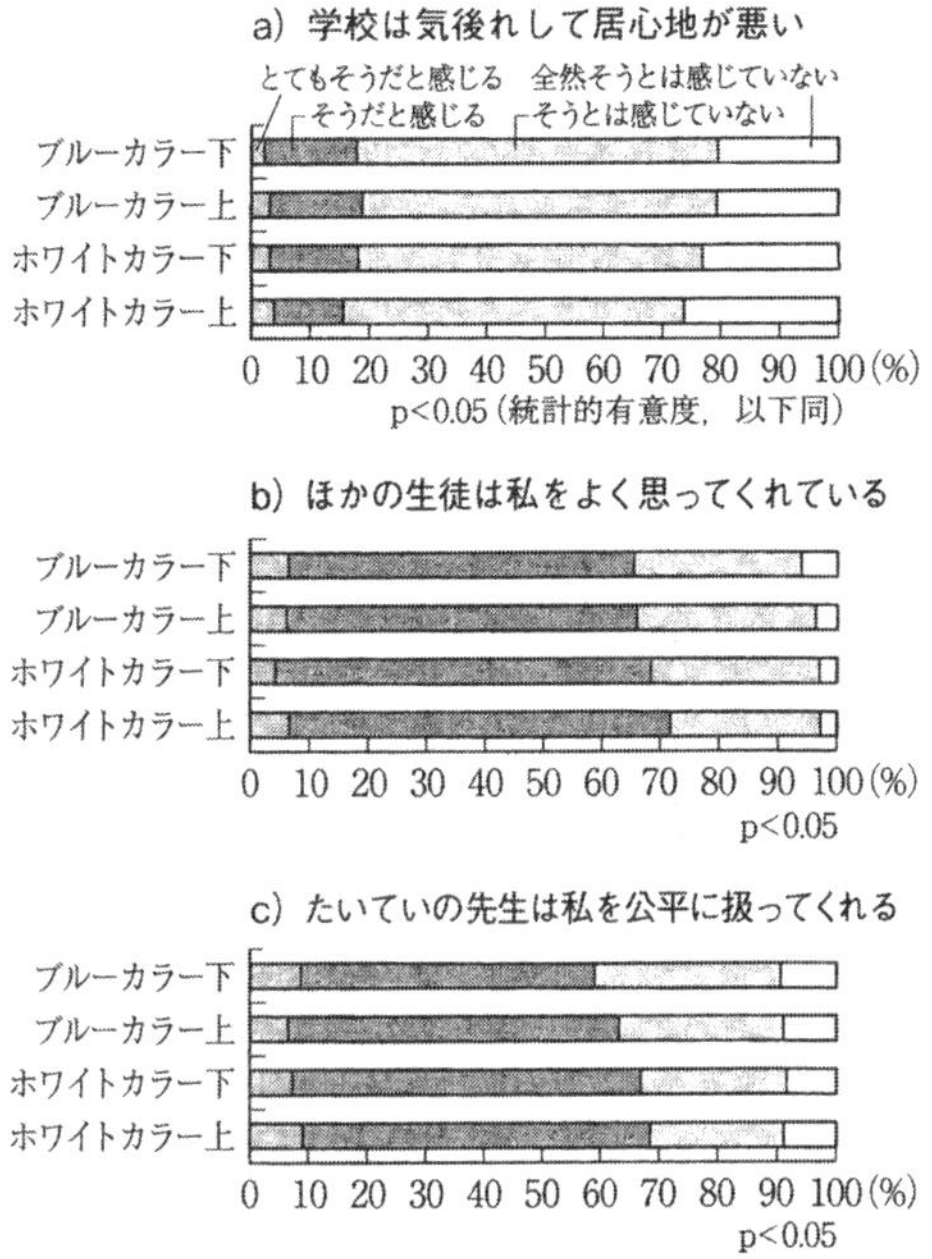

図１　子どもは学校生活をどう感じているか
（PISA2003調査の個票より阿部彩氏計算。阿部彩『子どもの貧困――日本の不公平を考える』岩波新書、2017年、16頁）

その結果、「（ａ）学校は気後れして居心地が悪い」という設問に対して、「全然そうとは感じていない」と答えたのは「ホワイトカラー上」の子どもが多かったことに対し、「とてもそうだと感じる」「そうだと感じる」と否定的に答えたのは「ブルーカラー上」の子どもの方が多くいました。次に、「（b）ほかの生徒は私をよく思ってくれている」という問いについては、「ホワイトカラー上・下」の子どもに比べ、「ブルーカラー上・下」の子どもが否定的に捉えている割合が多く見られました。最後に「（c）たいていの先生は私を公平に扱ってくれる」と感じているのは「ホワイトカラー」の子どもの方が「ブルーカラー」の子どもに比べて多いことが示されました[6]。

このように、社会経済階層の低い方が高い方に比べて他者（ほかの生徒や先生）に受け容れられていないと感じており、学校に居心地の悪さを感じる傾向にあることがわかります。貧困の子どもたちにとって、学校という場や友人や先生との関係は十分に快適なものとは言えない可能性が大きいようです。

また阿部氏らは、大阪市内の公立小学校五年生および中学校二年生を対象に、貧困が子どもにどのような影響を与えているのかという調査を実施しました。先の「学力到達度調査」は一五歳を対象としているため、ここでは比較的年齢の近い中学二年生の結果を図2に示します。

図2の「放課後に一緒に過ごす相手（一番多い人）」からは、貧困層の子どもが非貧困層の子どもや全生徒平均と比較し、一人で過ごしたり、家族と過ごしたりしており、学校や学校以外の友だちと過ごす率が低いことがわかります。また「放課後に過ごす場所（一番多い場所）」からは、貧困層の子どもは非貧困層の子どもに比べ、学校や塾や習い事の場で過ごす率が低く、自分の家や公園

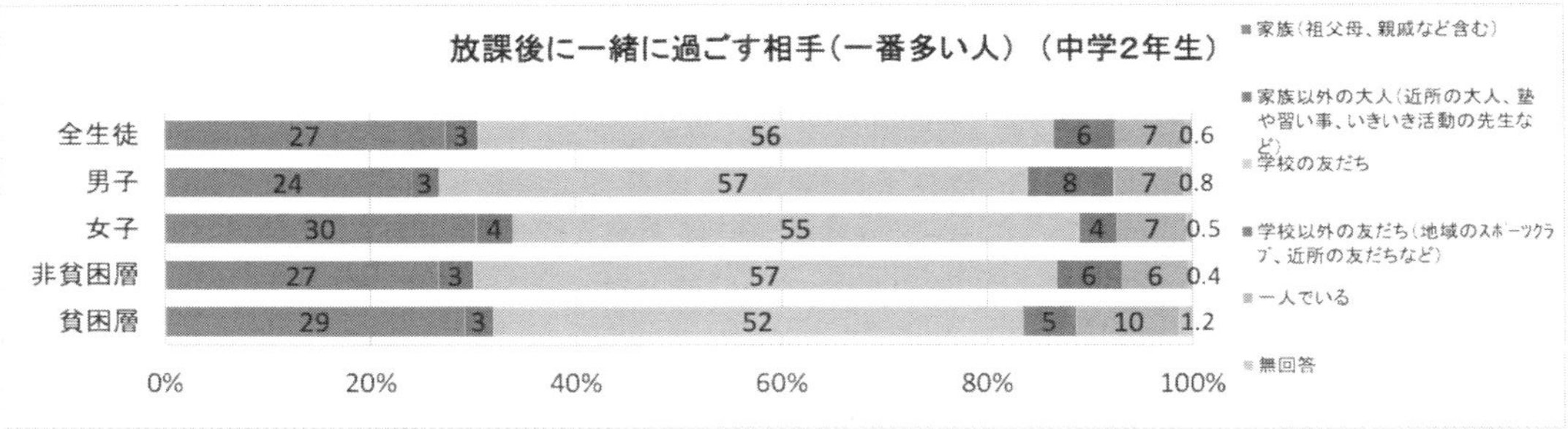

（男女差　χ2=41.0391　p <.0001，所得階層差　χ2=11.5523　p=0.0415）

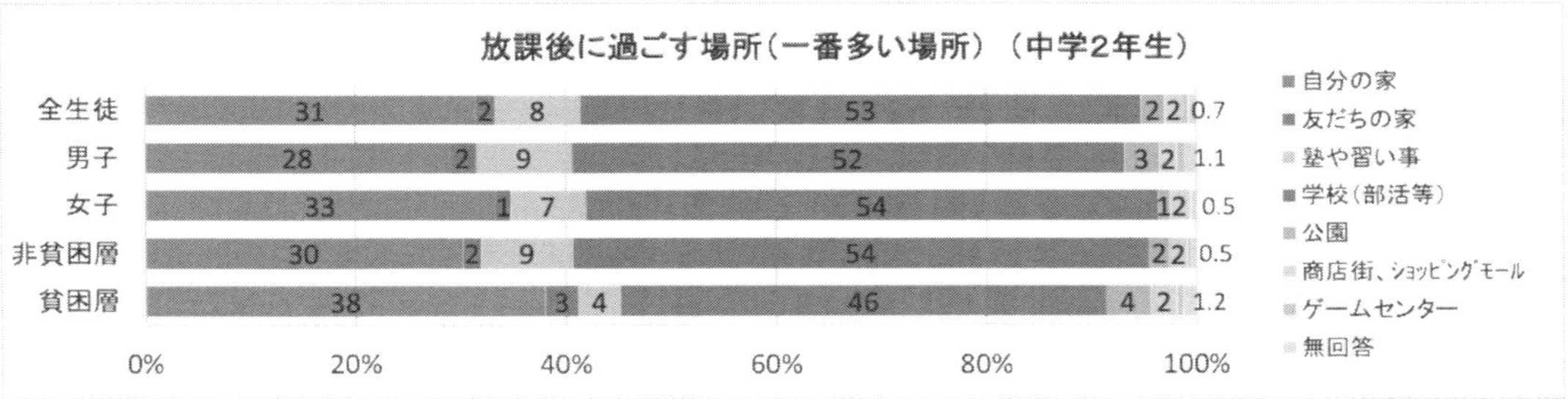

図２　放課後の過ごし方（阿部彩・埋橋孝文・矢野裕俊「「大阪子ども調査」結果の概要」大阪府、2014年、6頁）

で過ごしている子が多いことがわかります。これらのことから日本の貧困層の子どもたちも、非貧困層の子どもに比べ、学校関連で他者との関係や居場所について問題を抱えている可能性が高いと言えるようです。

次に、家族の中における居場所はどうでしょうか。

日本の子どもの貧困率は国際的に見て決して低いレベルではありません。中でも母子世帯の子ども、〇－二歳の乳幼児、若い父親を持つ子ども、多子世帯の子どもの貧困率は非常に高いのが現状です。例えば日本の母子世帯の母親は八－九割が働いています。しかし就労していても所得が低いため、多くの母親は勤労時間を増やしたり、複数の仕事を掛け持ちしたりしながら子育てをしています。それは子どもが親と過ごすことの出来る時間の減少を意味しています[7]。

一例として、私は以前、母子世帯で暮らす貧困の子どもについて、次のような話を聞きました。貧困であるという理由で学校生活に居づらさを感じたものの、仕事で疲れて帰ってきた母親にそのことを相談することが出来ず、それどころか学校生活や友人との関係がうまくいかないイライラを母親にぶつけてしまったことで母親との関係もうまくいかなくなり、家庭の中においても安らぎや居場所を感じられなくなってしまったというものです。

疲れた親を思って現状を相談できない子ども、イライラをぶつけてしまう子ども、そのどちらの心のうちも苦しいものがあることは想像に難くありません。そのような子どもたちが、学校のみならず家庭の中においても自分の居場所を感じられなくなっている現状があるのです。

「自分の居場所」とは、私がここに存在することが許されている、受け容れられている、いわば心の拠り所ともいえる場所・関係と言えます。つまり貧困によって子どもたちは自分の心の拠り所となるべき場や関係が剝奪されている可能性はかなり高い、と言うことができるのです。

スピリチュアルペインについて

子どもにとって生活の多くの時間を過ごす学校や、生活の基盤となる家庭において居場所やつながりが感じられないことは、自己肯定感を低め、また希望を持てないことにつながります[8]。また人間は社会的な生き物ですから、「つながり」は健康にも重大な影響を持っていますし、健康格差を引き起こすこともわかっています[9]。さらに自分の拠り所となるものとの関係の断絶が生じるとき、人間は「スピリチュアルペイン」をも感じ得るのです。

スピリチュアルペインとは、あまり聞きなれない単語かもしれません。日本で「スピリチュアリティ」や「スピリチュアル」というカタカナ言葉が浸透し始めたのは二〇〇〇年代中盤です[10]。ちょうどこの頃、日本ではスピリチュアルに関して二つの大きな動きがありました。

一つ目は、スピリチュアルについて一種のブームが起こり、マスコミや書店などでもいわゆる「スピリチュアル」という言葉に触れる大幅に機会が増えたことです。

しかし、その中で「スピリチュアル」については一般的に非科学的な解釈がなされ、オカルト的なポップカルチャーという印象も持たれるようになりました。二〇〇三年に立ち上げられた宗教心理学研究会においてもその正式名称に「スピリチュアリティ」を取り入れないなど、学問領域においてもその定義や翻訳に少なからず影響を与えています[11]。

二つ目は、一九九九年に世界保健機構（ＷＨＯ）がそれまでの「健康」の定義に見直しをはかったことです。ＷＨＯはこれまで「健康とは、完全な肉体的、精神的及び社会的福祉の状態であり、単に疾病又は病弱の存在しないことではない」と定義付けていました[12]。ところが一九九九年に行われた総会おいて、この定義に“dynamic”（ダイナミック）および“spiritual”（スピリチュアル）の二単語を加えて、「健康とは、完全な肉体的、精神的、スピリチュアル及び社会的福祉のダイナミックな状態であり、単に疾病又は病弱の存在しないことではない」と改めようとする動きが起こりました[13]。

このことについて、日本ＷＨＯ協会は「dynamic は、健康と疾病は別個のものではなく連続したものであるという意味付けから、また、spiritual は、人間の尊厳の確保や生活の質を考えるために必要で本質的なものだという観点から、字句を付加することが提案されたのだと言われています」と解説しています[14]。ちなみに、ここで言う“dynamic”とは、「静的に固定した状態ではないということを示す」ものとされています。結論から言えば、早急な必要性が見られないとして改定されませんでした。しかし、これは人間の健康にとって、スピリチュアルな側面もまた重要なのではないかと問題提起した出来事でした。

ＷＨＯはその後、二〇〇二年に「緩和ケアの定義」も示しましたが、その中には"spiritual"を組み込みました。「緩和ケア」「ホスピス」は英国のキリスト教系病院で生まれたものであり、その根底には「スピリチュアリティ」があるのです。もともと緩和ケアとは、重い病を抱える患者やその家族一人一人の身体や心などの様々なつらさをやわらげ、より豊かな人生を送ることができるように支えていくケアです。ホスピスについて、『大辞林』（第四版）では「死期の近い患者に対して、身体的苦痛や死への恐怖をやわらげるための医療的・精神的・社会的援助を行う支援」としています。厚生労働省はこのＷＨＯの定義を訳す際、「生命を脅かす疾患による問題に直面している患者とその家族に対して、痛みやその他の身体的問題、心理社会的問題、スピリチュアルな問題を早期に発見し、的確なアセスメントと対処を行うことによって、苦しみを予防し、和らげることで、ＱＯＬを改善するアプローチである」[15]とし、"spiritual"をカタカナで「スピリチュアル」としました。[16]

日本においては、二〇〇七年六月に「がん対策推進基本計画」が閣議決定されました。これは、二〇〇六年に施行されたがん対策基本法（法律第九八号）に基づいて策定されたものですが、この中でも先のＷＨＯの定義をふまえ、「スピリチュアルペイン」について言及されています。そしてこの「がん対策推進基本計画」がわが国のがん対策の基本的方向性について定めるとともに、都道府県がん対策推進計画の基本ともなっているのです。

このように、スピリチュアルやスピリチュアリティは人間の健康やＱＯＬを考える上で大切なテーマの一つとして認知されています。こうした流れを受け、学問領域においてスピリチュアルケアやスピリチュアルペインの実践や研究は、緩和ケアをはじめとした看護学系、宗教系の研究者たちや機関が牽引して進められてきているのです。

人はどんな時にスピリチュアルペインを感じ得るのか

では、私たち人間はどんな時にスピリチュアルペインを感じるのでしょうか。スピリチュアルペインについて、「終末期がん患者へのスピリチュアルケア援助プロセス」の研究を行った医師、村田久行氏は「自己の存在と意味の消滅から生じる苦痛」と定義しました。これは現在緩和ケア医療で支持されている「村田理論」と言われるものです。そこから生じる「生の無意味、無価値、空虚といった苦痛」をスピリチュアルペインとしています。[17]

また医師の山崎章郎氏は、スピリチュアルペインを他者との関係に起因するものとして、「その状況における、自己のありようが肯定できない状態から生じる苦痛」あるいは「真に拠り所となる他者の不在によって生じる状態、すなわち、その状況における自己と他者との関係性のありようが肯定できないことによって生じる苦痛」であり、「真に拠り所となる他者の不在の結果、スピリチュアリティが適切に、その特性を発揮できず、その状況における、自己と他者との関係性のありようが肯定できないことから生じる苦痛」としました。[18]なお、山崎氏の言う「他者」とは人間のみならず、「その時点でのその人を形成している人々以外の存在（神仏、宗教、信仰、自然、哲学、思

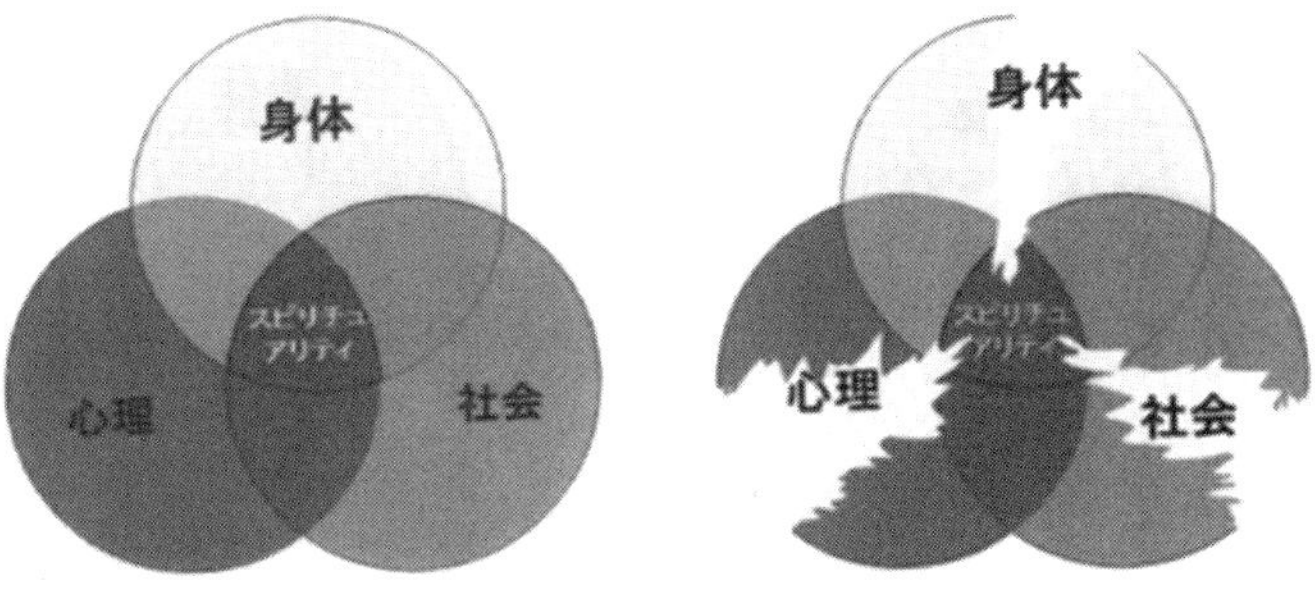

図３（左）スピリチュアリティの位置、（右）スピリチュアルペインを感じるメカニズム（山崎章郎「スピリチュアルペインとケア――その理論」『スピリチュアルケア研究１』2017年、53-61頁）

想、音楽・文学・美術などの芸術、大切な人の形見、ペット、居心地の良い場所、死後の世界など）」も他者としています。つまり、その人の核となる部分、心の拠り所となるものと言えるのです。

図３は山崎氏が示した「スピリチュアリティの位置」です。ＷＨＯの示した緩和ケアの定義から、私たち人間は「身体、心理、社会、スピリチュアリティ」の四つの要素から構成されていると考えられています。山崎氏は身体、心理、社会の重なる中心部分、すなわち核となる部分にスピリチュアリティを位置づけました。そして、身体、心理、社会に深いダメージを受け、危機が深まった時にスピリチュアルペインは生じると考えました（図３、右）。

貧困の子どもとスピリチュアルペイン

再び貧困の子どもに話を戻しましょう。

貧困の子どもたちは、場合によっては生命や身体の危険にさらされている子どももいますが、例えば終末期がん患者とは異なり、病気による余命宣告をされているわけではありません。しかし、直接的な栄養失調やネグレクトなど物理的な危機を感じていない場合でも、子どもにとって家庭や友人関係などの心の拠り所となる、あるいは自分を支える核となる関係に亀裂を感じ、ある種の危機的状況にあると言っても過言ではありません。図3（右、前頁）でみると身体的、社会的に、または心理的に大きなダメージを深く感じている状況です。そのような時、貧困の子どももまたスピリチュアルペインを感じている可能性は否定できません。

スピリチュアルペインの属性について

それでは、スピリチュアルペインを感じた人にはどのような様子が見られるのでしょうか。

これまで、日本人にどのようなスピリチュアルペインが見られるのか、その概念をまとめた研究は見られませんでした。ところが二〇一七年に嶋田由枝恵氏らは看護学の立場から日本人の終末期がん患者のスピリチュアルペインの概念を分析しました。その結果、これまでspiritualを日本語に翻訳できない、すなわちその文化土壌にスピリチュアリティはないのではないかと考えられていた日本においても、文化や精神構造にキリスト教の影響を色濃く受けている欧米においてもスピリチュアルペインは類似していることがわかりました[19]。つまりスピリチュアリティが国や地域、宗教にかかわらず、人間の根源的な部分で共通しているものだということが示唆されたのです。

163頁に、嶋田氏らがまとめた7カテゴリーと17のサブカテゴリーを表1として示しました。

　表1を見ると、嶋田氏らの研究が終末期がん患者を対象にしたものであるため、いくらか貧困の子どもに適合しないものもあります。たとえば「尊厳の喪失」のうち、「依存することのつらさ」の中に見られる「オムツや尿を漏らすことに対する嫌悪感が強く、トイレに行くことにこだわる」などは最たるものかもしれません。また、生きづらさを感じている子どもたちはつらい現実から逃れたいと思うことも多いため、「死に対する不安」よりも、むしろ「死にたい」「消えたい」と思っているかもしれません。

　しかし、例えば子どもたちを含む相対的貧困が「見えない貧困」と言われていることからは、貧困の子どもたちが表1にある「尊厳の喪失」を恐れて、あるいは、先のリッジの調査結果にもあるように、他人と違って見えることによる「関係性の喪失」を恐れて周囲に助けを求めることができないことも考えられます。

　また、「意味への問い」にある「なぜがんになったのか、人生にはなぜ苦しみがあるのか」などは貧困の子どもの場合、「なぜこのような状況なのか、人生にはなぜ苦しみがあるのか」と言い換えることができるでしょう。

　このように、嶋田氏らの研究は終末期がん患者を対象としたものではありますが、必ずしもがん患者のみに限定されるものではないと考えられるのです。

　私たち自身の日常を振り返ってみても、どうでしょうか。

罪責意識	役割を果たせない申し訳なさ	・「迷惑ばかりかけて申し訳ない」と負担感や申し訳なさを感じる ・役割を果たすことができない苦痛（等）
	後悔の念	・自分の人生に対する後悔 ・家族への自分がしてきたことの後悔，先立つことの負い目（等）
	応報的刑罰感	・自分が悪いことをした罰として，病気あるいは死がもたらされたと思う（等）
現実の自己へ悲嘆	現実と対峙する苦痛	・自分のあるべき姿と現実とのギャップによる苦痛（等）
	悲観	・絶望的な状況 ・人生なんて夢も希望もない（等）
関係性の喪失	他者との距離	・他者との関係性の喪失 ・愛するものとの別れの苦悩（等）
	孤独	・「誰もわかってくれない」と周りから取り残されて一人ぼっちであることを感じ，究極とも言える孤独感に苛まれる（等）
超越的存在への希求	自己を超えた存在への意識	・超越した存在を求める心を抱く ・永遠の生命への憧れ（等）
	神への希求	・絶対的他者である神仏の助けを求める ・苦難の意味を哲学的，宗教的に求める（等）

表１　「日本人の『終末期がん患者のスピリチュアルペイン』の属性」より引用者抜粋（嶋田由枝恵・宮脇美保子「日本人の『終末期がん患者のスピリチュアルペイン』概念分析」『日本看護科学会誌37巻』2017年、459頁）

カテゴリー	サブカテゴリー	内　容
意味への問い	生きることの意味への問い	・生きる意味への問い ・生きることへの無意味さや無目的 ・将来に希望を見出せず，今を生きる意味を失っている状態 ・今の時間を生きる意味（価値）がないという苦しみの現れ（等）
	存在する意味への問い	・存在価値を問う ・自己の存在の喪失，空虚や孤独，不安，恐れ ・こんな人生に意味があるのだろうかと自己の存在について問うようになる ・現世に自分が生きていることを確認し保証してほしいという願い，自分の生きた意味を知りたい，自分の人生を肯定したいとの願い（等）
	苦難の意味への問い	・苦難への問い ・苦しみの意味や意義は何なのか ・なぜがんになったのか，人生にはなぜ苦しみがあるのか，なぜ苦しまなければならないのか（等）
死に対する不安	死そのものへの不安	・死への不安 ・恐怖 ・葛藤（等）
	死への過程の不安	・死までの過程に関する不安 ・死までの苦しみの恐ろしさ ・病気の進行や治療について不安 ・症状増悪の予測と最期の苦痛への懸念（等）
	死後の不安	・死後に関する不安 ・死後の世界に恐怖を持つ（等）
尊厳の喪失	依存することのつらさ	・自らの力でできることが徐々にできなくなることへの恐れ ・人の世話になるつらさ ・オムツや尿を漏らすことに対する嫌悪感が強く，トイレに行くことにこだわる（等）
	自尊感情の喪失	・自己尊厳の喪失 ・自律した尊厳ある存在としての自分の日常が破綻 ・生きる価値がないと感じること（等）

先ほども「定義」のところで少し触れた「村田理論」の提唱者、村田久行氏はスピリチュアルペインを感じている人からは「何をしたらいいのかわからない」「もう何の意味もない」「早く楽にしてほしい」「何でこんなことになってしまったのか」といった不条理に対する発言や、「孤独だ。自分ひとり取り残された感じだ」「誰もわかってくれない」「これから私はどうなるの？」といった孤独やアイデンティティの喪失による発言が聞かれると言います[20]。

大切な関係が喪失した時、危機的な状況に陥ってしまった時、こういった言葉をつぶやいたことは誰しも一度や二度あると思うのです。貧困、虐待、いじめ、ハラスメント、受験の失敗、リストラ、失恋、離婚など、自分にとって大切な関係との断絶を経験したその時、もしかしたらあなたもスピリチュアルペインを感じていたのかもしれません。

スピリチュアルペインを抱える子どもに対して

第五章で坪井さんは、弁護士としてこれまで出会ってきた大きな傷を抱えている子どもたちとの関わり中で「『本当は生きていきたい。本当は愛されたい』という小さな炎を、どの子も燃やしている。その炎が見えたとき、『ああ、これでこの子も生きていける』」と感じたと述べています（本書133頁）。坪井さんがこのとき感じた「子どもたちの小さな炎」とは、その子が生きることへの意味や目的を取り戻そうとしている様子、自分が存在することを自分自身が許し、「愛されたい」

という他者との関係を再構築しようとする様子なのではないでしょうか。これはスピリチュアルペインの属性（表1参照）で言うところの「意味への問い」や「関係性の喪失」に対するケアを望む兆しと言えます。

坪井さんが関わってきた子どもたちは悲惨な状況から自分が生きることや存在することを問い、人生に絶望して悲観し、関係性をつくることもできず、あるいは失い孤独を感じていたのではないでしょうか。これらはスピリチュアルな痛み、スピリチュアルペインです。

終末期がん患者に対するスピリチュアルペインに対して、村田氏は「傾聴と共感」、「ともにいること」をスピリチュアルケアとして挙げています。[21] もちろん、終末期がん患者と異なり、貧困の子どもたちにおいては、例えば関係性の再構築などこれ以外にも挙げるべきものがあるかもしれません。しかし、スピリチュアルペインに対しては、「キュア」（Cure, 治療）ではなく「ケア」（Care, お世話をすること）こそが必要だということは言うことができると思います。

またキリスト教思想研究とともに現代の死生観を問うことをテーマとする神学者・梶原直美氏は「『スピリチュアルケア』とは、対象を問わず、スピリチュアルな側面の発動を促すケア、つまり与えられた命を、その人がその生命力の限りに主体的に生きることができるよう支える援助」であると言っています。[22]

これは貧困の子どもに対しても同じことが言えます。つまり、子どもとつながり、心から安心できる居場所をつくり、子どもと共にいてその存在そのものを認め、子どもの中にある希望を信じて支えることが、スピリチュアリティの回復につながるのです。

本当の自分を生きるために

『百万回生きたねこ』（佐野洋子作・絵、講談社、一九七七年）という絵本があります。次のようなお話です。

一匹のねこが、ある時には王さまに飼われ、死んで生まれ変わっては、ある時には船のりに、またある時はどろぼうに飼われ……様々な飼い主の元、死んでは次の飼い主に飼われ、また死んで、を一〇〇万回繰り返します。飼い主たちはみんな、ねこの死を悲しみますが、当のねこはどの飼い主のことも本当はだいきらいで、一度もなきませんでした。

しかしある時、ねこは誰のねこでもない、自分のねこ（野良猫）になりました。ねこは自分のことがだいすきになりました。いろんなねこが一〇〇万回生きたねこのおよめさんになりたくて近づいてきますが、誰よりも自分が好きなねこは知らんぷり。ところがある日、一〇〇万回死んだことに反応しない白いねこと出会い、彼女をすきになり、白いねこも彼をうけいれました。二匹は一緒に年をとり、ついに白いねこは一〇〇万回生きたねこのとなりで死んでしまうのです。ねこは初めてなき、百万回もなきました。そしてある日の昼。ねこはなきやみ、白いねこのとなりで息を引き取り、もう二度と生きかえることはありませんでした。

「誰かのねこ」だった時、きっとねこは本当の自分を生きることが出来なかったのでしょう。自分のことも好きではありませんでした。なぜでしょうか。きっと、本当の自分を出せない何かが飼い主たちにはあって、ねこの心は不自由だったのではないでしょうか。あるいは、これまでの他の存在とも違う白いねこを好きになったことを考えると、もしかしたらこれまで出会ってきた人やねこたちは、彼の中に何かの条件を見出してねこを好きになっていたのかもしれません。

しかし「自分のねこ」になった時、はじめて彼は自分を好きになり、本当の自分を生きることができました。それは自分を愛して大切にすることが出来ること、そして自分ではない存在を自分よりも愛し、大事に思うことが出来ることを意味していました。

もしかしたら、貧困の子どもたちの問題も同じかもしれません。物理的には周りに人がいても、今日食べるものや雨風をしのぐ家を提供されても、また学校に行けば教室に席があるようになっても、喜びをもって生きること、大切な他者との関係を感じられること、自分自身を愛し、肯定することが難しいという問題はそれだけでは解決されません。

そんな時、さまざまな外的な条件など関係なく、「あなたが大切なのだ」と言い続けてくれる存在、どんな自分でも受け入れてくれる存在、自分を信じ続けてくれる存在は、生きづらさの中にある子どもたちの心にとって一筋の光になると思います。

もちろん食べ物も雨風をしのぐ家も、教室の席も大切です。しかし聖書にも「人はパンだけで生きるものではない」（ルカ福音書四・四）とあるように、人間は、それだけでは救われないのです。スピリチュアルペインに関する問題に向き合うということは、そういった部分に目と心をむけるということだと思っています。

現段階では、子どもに対してのスピリチュアルケアについての研究はほとんどなされていません。そこで本書では試みとして比較的研究が進んでいる緩和ケア分野を手掛かりに貧困の子どもにあてはめながら考えることを提案しました。今後、それぞれの状況におけるスピリチュアルペインの分析が深められ、そのケアについての研究と実践が進められることが望まれます。子どもたちのニーズにそった支援が施されるためにも、私たちが大人の都合や論理を押し付けるのではなく、子どもたちの視点に共に立って、子どもたちの内なる声を汲み取り、心の叫びを受け取っていく必要があるのだと思います。

注

（1）「子どもの貧困対策の推進に関する法律」は二〇一九年六月に改正・公布され、それを踏まえた「子供の貧困対策に関する大綱」の見直しが二〇一九年一一月に閣議決定されている。
（2）イギリスの貧困の定義、算出方法は日本のそれより幅広いものとなっている。
（3）内閣府「諸外国における子供の貧困対策に関する調査研究」報告書、二〇一五年。
（4）テス・リッジ『子どもの貧困と社会的排除』中村好孝・松田洋介訳、桜井書店、二〇一〇年。

（5）阿部彩『子どもの貧困Ⅱ――解決策を考える』岩波新書、二〇一七年、一六頁。

（6）ＯＥＣＤの定義では、「ホワイトカラー」とは〔白地のワイシャツにネクタイ・スーツで仕事をすることから〕、オフィス、事務、管理、販売、専門、および技術職の従業員を指す。一方「ブルーカラー」とは〔青地系の作業服を着ることから〕、製造、組立・関連活動、マテリアルハンドリング、倉庫保管・出荷、保守・修理、清掃、警備サービス、補助生産（発電所など）、および上記の活動に関連するその他のサービスに従事する人を指す（ＯＥＣＤ公式ＨＰ「用語集」参照、https://stats.oecd.org/glossary/index.htm 〔 〕引用者付記）。

（7）阿部彩、前掲書、七〇頁。

（8）埋橋孝文「第一章　子どもの貧困とレジリエンス――八つの論点」『子どもの貧困／不利／困難を考える――理論的アプローチと各国の取組み』二〇一六年。

（9）村山洋史『「つながり」と健康格差――なぜ夫と別れても妻は変わらず健康なのか』ポプラ新書、二〇一八年。

（10）Masami Takahashi「老年学におけるスピリチュアリティの理論的研究の歴史と動向」『老年社会科学』31／4、二〇一〇年、五〇五頁。

（11）同、五〇六頁。

（12）Health is a state of complete physical, mental, and social well-being and not merely the absence of disease or infirmity.（「世界保健機関憲章前文」一九五一年六月二六日公布）

（13）Health is a dynamic state of complete physical, mental, spiritual and social well-being and not merely the absence of disease or infirmity.（下線は引用者）

（14）日本ＷＨＯ協会公式ホームページ「健康の定義について」https://www.japan-who.or.jp/

commodity/kenko.html

(15)ＱＯＬとはQuality of Lifeの略で、「生活の質」「人生の質」「生命の質」と訳される言葉。人々の生を単に生きているということだけではなく、精神的な豊かさや満足度も含めて重視する考え方にもとづく。

(16)厚生労働省「今後の緩和ケアのあり方について（案）」二〇一一年。

(17)村田久行「終末期がん患者のスピリチュアルペインとそのケア――アセスメントとケアのための概念的枠組みの構築」『緩和医療学』5／2、二〇〇三年、六八頁。

(18)山崎章郎「スピリチュアルペインとケア――その理論」日本スピリチュアルケア学会『スピリチュアルケア研究』1、二〇一七年、五六―五七頁。

(19)嶋田由枝恵・宮脇美保子「日本人の「終末期がん患者のスピリチュアルペイン」概念分析」『日本看護科学会誌』三七巻、二〇一七年、四五九頁。

(20)村田久行「終末期がん患者のスピリチュアルペインとそのケア」『日本ペインクリニック学会誌』18／1、二〇一一年、三頁。

(21)同、五頁。

(22)梶原直美「「スピリチュアル」の意味――聖書テキストの考察による一試論」『川崎医療福祉学会誌』24／1、二〇一四年、一六頁。

＊本稿の一部は平成三〇年度公益財団法人上廣倫理財団研究助成によった。

第7章 子どもを受け入れるイエス
——マルコ福音書における貧困と子ども

今井誠二

子どもたちを、私のところに来させよ。
子どもたちを妨げるな。なぜなら神の国はそのような者たちのものだからだ。
アーメン、私はあなたがたに言う。
子どもを受け入れるように神の国を受け入れる者でなければ、
神の国には入れない。

マルコ福音書一〇章一四b―一五節（私訳）

小さくされている者たちとの出会い

あの衝撃的な光景は今でも忘れることが出来ません。二〇年も前のことです。当時、仙台中心部の大通りや都市公園、住宅地の小さな児童公園にも、並木や小さな雑木林のようなものが必ずあり、近郊に行くと里山が残り、水田が広がっているやさしい日常的風景がありました。ある冬の日の夜、公共施設の軒下に、雪が降り積もる中、段ボールを一枚だけ敷いて寝ているお年寄りに遭遇したのです。外からは見えませんが、各所の公園の小さな雑木林の中に分け入ってみると、必ずと言っていいほど、同じようにして一人や二人、ある公園には四、五人も人が住み着いていることがわかりました。現在は各地で支援活動をする団体がNPO法人化され、多くのスタッフたちが仕事として支援事業・相談事業を展開していますが、当時は違いました。そうした状況を把握していたにもかかわらず、民生委員や交番の巡査たちは、彼ら彼女らを「浮浪者」として犯罪者扱いし、支援する人たちにも「犯罪者を助けるとんでもない人たち」という烙印を押していました。私は、目の前にいるこの人たちをそのままにしておいて良いのかという問いに迫られました。

私が新約聖書の社会史的解釈を専門としていることを知っていたからでしょう。この頃、ある人から「こういう事件があるのだが、ぴったりくる聖書の箇所は無いか」と尋ねられたことがありました。「聖書のテキストから意味を取り出す『釈義』が私の仕事で、現場の都合を聖書テキストに無理矢理読み込むのは私の仕事では無い」と答えたところ、その人に即座に「現場が俺のテキストだ」と言われ、その言葉に新鮮な響きを感じました。そして自分自身もその後、毎週祈祷会の後に路上生活者の安否を確認しながら訪ねる夜まわり活動を続けるうちに、現場から多くのことを教わることになったのです。「事実は小説より奇なり」とよく言いますが、路上生活、野宿生活は社会問題のるつぼです。当初はドキュメンタリー番組や週刊誌のルポルタージュのど真ん中に、自分が放り込まれたような感覚でした。

マルコ福音書に登場するイエスと子どもたちの物語を読んでいると、多様な才能を持ちながら様々な事情で選択肢を狭められ、困窮生活を余儀なくされるに至った路上生活、野宿生活に至った人たちのことを思い出します。夜まわりで聞き取りをする中で語られた、彼ら彼女らの断片的な子どもの頃の思い出や事件が、走馬灯のように甦ってくるのです。そこには、守られるべき子どもたちの人権、青年たちの人権が全く擁護されることなく、選択肢が次々に潰されていく状況の中で、生き残るために格闘していった一人一人の物語がありました。

本章では、イエスと出会った小さくされていた者たちの解放（救い）の物語を、子ども（παιδίον パイディオン）というキーワードを基にして読み解いていきたいと思います。

マルコによる福音書におけるイエスと子どもたち

イエスは、後一世紀のパレスチナでナザレの村を中心として、道具や家具、小屋を作ったり、直したりしながら生計を立てていた大工ヨセフの長男でした。少年イエスは仕事を覚えるために父親と各戸をまわって御用聞きをし、注文をとりながら、庶民やお屋敷の従者たちがどのような暮らしをしているのかを、つぶさに見ていたのではないかと思われます。そういう中で、バプテスマのヨハネの人々への招きに呼応して家を出て、神の支配（神の国）の嬉しいリアリティに触れる召命体験をし、イエス自身が神の支配を告げ広める運動を始めるに至ったのではないかと思われるのです。

新約聖書の中でイエスが子どもと直接関わっている場面は、それほど多くはありません。しかしそれは歴史的にイエスが子どもとあまり関わらなかったというよりも、むしろ、福音書記者マルコの意図的な構成によるものです。また他の福音書が、マルコ福音書を資料、あるいは手本にして書かれているために、マルコ福音書全体の構成も基本的には受け継がれているためです。福音書記者マルコは、イエスと子どもに関連する一連の伝承を、自ら編んだイエスの物語の大枠に組み入れることで、子どもという存在に重要な意味を託しています。しかし、そのことをより良く理解するためには、まず当時のパレスチナの社会史的状況に目を配る必要があります。

パレスチナにおける貧困

現在入手可能な日本語訳聖書には巻末に聖書地図が収められているのでごらんください。新約聖書に登場するガリラヤ、エルサレム、サマリヤ、デカポリスといった地域は、パレスチナ地方に位置しています。現在で言えば、イスラエルとパレスチナ自治区、ヨルダンにあたります。パレスチナはイエスが活動した後一世紀には、ローマ帝国の支配下にありました。

ローマ帝国内の社会層を表したのが次頁の図です。[1] 現代日本における生活困窮者というのは、この図で言えば、上から三つ目くらいの相対的貧困層のことでしょうか。この層にいたペネーテスと呼ばれていた人々はなにかしら所有物があり、少しでしかないが余裕があって、たとえ今日一日仕事が見つからなかったとしても、なんとか食い繋げられる境遇にいました。当時の一般的庶民というのは、こういう人々のことを指していたようです。この図には最下層の上に「貧困線」とありますが、この線以下にいる人々は、文字通り英語で言うような hand-to-mouth（手から口へ）――その日暮らしの状態で蓄えをする余裕もなく、何も生産手段を持たず、今日仕事がなければ食べるものがなくなってしまうような、明日、明後日も仕事がなかったら、仕事を探しに行くことも出来なくなり、栄養不良で死に追いやられてしまうようなギリギリのところで生活している人々のことを差しています。

当時のローマ帝国内では、人口の大半がこの貧困線以下の状態に追いやられ、仕事を得ることが出来ても、貧困線の上下を行ったり来たりして、生かさず殺さずという仕方で酷使されていました。マタイ福音書二〇章でイエスが語っているブドウ園の労働者の譬え話にあるように、人足たちが集まる寄せ場は、毎朝、我先に食《く》い扶持《ぶち》にあずかろうとする最底辺にいる人々で溢れかえっていました。ギリシャ語では、絶対的貧困層、最底辺においやられている人々はプトーコイ（πτωχοί）、

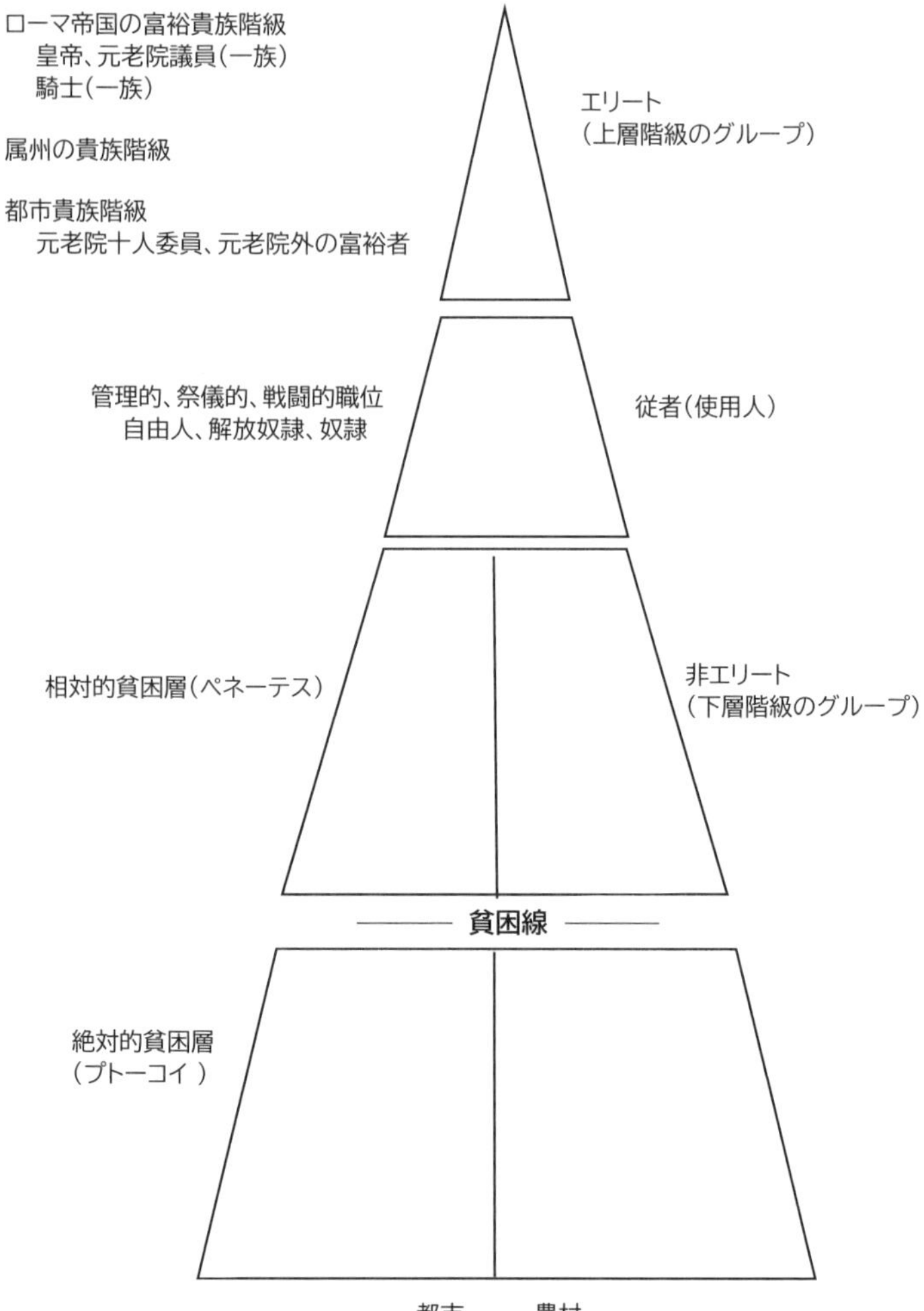

図1　ローマの社会層
(E.W. Stegemann/W.Stegemann, Urchristliche Sozialgeschichte, 2.Auf. 1995, S.74 より作図)

そうではない貧者たちはペネーテス（πένητες）と、両者は言葉の上ではっきりと区別がなされていました。いずれにせよ、後一世紀のパレスチナ社会は、富者と貧者の間に位置するようないわゆる中間層的存在がほとんどいない、超格差社会でした。

イエスが呼びかけた人々

山上の説教（マタイ五章）や平野の説教（ルカ六章）で登場する「貧しい者たち」という言葉はプトーコス（πτωχός）という言葉の複数形プトーコイ（πτωχοί）が用いられています。この言葉は元来は二人称で語られており、実際にイエスの目の前にいる人々が呼びかけられていたのです[2]。

現代の私たちの感覚、いや当時の人々の感覚でも、決して「幸い」ではありえない人々に向かって、「あなたがた貧しい者たちは幸いだ、なぜならあなたがたは与えられるだろうから」とイエスは呼びかけています。何も持たず、仕事であれ食べ物であれ、誰かしらに何か与えられなければ、一日たりとも生き延びていけない、いわばどん底の淵に立っているような人々に向かってイエスは言います。今持ち合わせはないけれども、必ず与えられる。イエスは強い確信と希望を持って、日々の現実を共にしながら、そうした人々の眼前でこの祝福の言葉を語りました。

しかし、イエスが幸いであると祝福しているのは貧しい者たちであって、徳目や生き方としての貧しさではありません。イエスは貧者たちの屈辱的境遇が、神の介入によって変えられることを確信していたのです。[3] 困窮下にあって助けを求め、仕事でも食べ物でも誰かに与えられなければ生きていけないようなところにまで陥っていたプトーコイは、「あなたがたは与えられるのだ」というイエスのメッセージを聞いて励まされながら、その日一日を生きる希望と勇気を得ていました。

従者たち

ローマ帝国の社会層を示す三角形の底辺にいるプトーコイから見てはるか上の頂点周辺には、大土地を所有している元老院階級等の一握りの人々、ローマ帝国内の上位数パーセントにも満たない少数のエリートたちがいました。彼らは富の大部分を独占しており、その最頂点に皇帝とその一族がいました。これらの上層階級の下に自由人、解放奴隷、奴隷がいました。

このように最上層の階級の下に、財産がなくても、管理者としての能力や、祭儀での補助、あるいは傭兵のような際立った特殊技能を持っていたがゆえに、社会的、経済的地位を得ることが出来ていた人々がいたのです。古代の奴隷制社会においては、動力は風力・水力以外は動物や人によるものでした。最上層にいた人々の生活は、従者（使用人）たち、すなわち、奴隷や動物の管理をする奴隷や解放奴隷、自由人がいなければ成り立たなかったのです。このような従者たちは管理能力に加えて主人の話す外国語が理解できるなど様々な特殊技能を持っていたため、貧しくても、主人と暮らしている限りにおいては、栄養不良であったにせよ、餓死せずに済みました。従者の多くは、普段は都市に住んでいて、地方にある農地で貧しい小作農たちを働かせて利益を吸い上げていた主人たちと一緒に生活していて、屋敷だったり、仕事場だったり、農場だったり、神域だったりするにせよ、与えられた場所で主人に仕えている限り、苦しくても最低限の生活を続けていくことができたのです。このように、当時のローマ帝国の支配下にあったパレスチナでは、エリートと非エリートの二極化がなされ、非エリートの中には相対的貧困層にありながら、エリートである主人のために仕事をしている限りは絶対的貧困状態に陥らないで済む人々がいました。

しかし頼りとされていたエリートたちも、社会的・政治的状況の影響を受け、浮き沈みを免れることはできませんでした。ですから一旦主人が没落すると、それまで従者として成り立っていた生活が突然失われ、絶対的貧困状態に突き落とされます。この不安定さが、解放奴隷や奴隷たち、従者として仕事を得ていた貧しい人々の運命を左右していました。

イエスの招き

イエスがパレスチナで宣教運動を展開したときに参加していった人々の多くは、自分で耕すことができる土地も持たない、従者として仕えることができるような技能も持たない、あるいは身体的・社会的理由で従者の地位を失ってしまったような人々、絶対的貧困層を構成する貧者たち（プトーコイ）でした。イエスはガリラヤで宣教活動を始めるにあたって最初に漁師たちを弟子として招いています。ガリラヤは穀物の輸出産業で潤い、人手が必要であり、様々な理由で、農業やそれに付随して生じる仕事ができなかった人たちが漁業に携わっていました。まさに最下層にいて、漁師として他の労働者と一緒に父親に使われていたペトロもアンデレも招かれて、直ちに全てを捨て、イエスについて行きました（マコ一・一八）。ユダヤ人でありながら、同胞からローマに納める税を取り立てる取税人をしていたマタイもそうです（マコ二・一四）。他に選択肢がないような仕方で働くことを強いられている人たちに、イエスは声をかけ、新たな生き方の選択肢を探す歩みへと招いたのです。

社会的変動と自然災害

後一世紀には、絶対的貧困層を次々に生み出していく様々な要因がありました。紀元前後のローマ帝国内には政治的動乱が頻発しており、それまで力を持っていた者たちが没落し、同じ土地でも支配者が入れ替わることが度々起こりました。

パレスチナの領主であったヘロデ大王が前四年に死亡すると、その領土は、アルケラオス、アンティパス、フィリポスの三人の息子たちに分配されました。領地の一部、シリアはローマ皇帝の直轄地、あるいはサロメ（ヘロデ王の妹）の領地はデカポリス自由都市となり、支配者やその従者たちが入れ替わります。しかし三人の息子たちは失政を繰り返した挙げ句、最終的に皇帝によって領地を取り上げられてしまいます。アルケラオスはガリラヤへ追放され、後六年にその領地は皇帝の直轄領となり、再び支配者や土地所有者が入れ替わりました。フィリポスは、バタニア、ガウランティスを三四歳まで統治しました。アンティパスは、ガリラヤ、ペレアを統治しますが、三九年（イエスが死刑に処せられたのは三〇年）にカリグラ帝によって追放され、その領地は直轄地となりました。四世代にわたって続いたヘロデ王朝は、古い支配者たちの従者であった庇護民たちの没落と、新たな支配者の庇護民になった者たちの入れ替わりが失政の度に繰り返され、政治的な大きな社会的変動の下で、職にありつけない貧者たち（プトーコイ）が次々に生み出されていったのです。

紀元前後のパレスチナでは自然災害も頻発していました。文献に残っているだけでも四、五回も「飢饉」が起きています[4]。後一世紀末には飢饉による人口減少が進み、全ローマ帝国の一日の穀物の消費量が前一世紀のアウグストゥス時代の半分にまでなったと言われています。人口減少には飢餓だけではなく、子どもの疫病も起因していました。後一世紀のパレスチナでは、政治的動乱と同時に飢饉や疫病といった災害に見舞われ、多くの人々が絶対的貧困状態に陥りました。

共助の働き

そうした中で飢饉の影響を受け、苦境に遭った一世紀のエルサレム教会も、パレスチナからローマ帝国へと広がっていく中で成立していくギリシャ語を話す異邦人教会から支援を受けています。ヘブライ語を話すユダヤ人キリスト者（ヘブライスト）たちは、ユダヤ人社会において食物規定や清浄規定を遵守する人々でした。他方、ギリシャ語を話すユダヤ人キリスト者（ヘレニスト）たちは、元々食物規定や清浄規定を遵守する同じユダヤ人でも、外国での生活や外国人との交流が続く間に、文化や慣習が混合していき、ユダヤ教の規定を遵守する生活をしにくくなった人々を多く含んでいました。イエスの言動は、そうした食物規定や清浄規定を遵守できないという宗教上の罪から人々を自由にするものでした。しかし、イエスの死後、エルサレムのキリスト教会は、前述のパレスチナの政情不安の中で保守化していきました。

律法の解釈をめぐる立場が違う者たちの間で仲違いが生じ、思想的対立が日々の食事についても差別待遇を行うまでに至っていたことが使徒言行録六章の記述から窺われます。やがて、エルサレム教会が保守的傾向をより強め、思想的対立が解消されるどころか、ユダヤ人キリスト者を中心とするエルサレム教会と各地の異邦人キリスト者の教会との距離がますます開いていくようになります。しかし、そうした中で、パウロの呼びかけに応じた各地の異邦人教会が、飢餓に陥っているエルサレムのユダヤ人キリスト者たちに対して支援金を集めて、持参します。立場は異なっていましたが、元々割礼を受けることなく律法から自由な異邦人と、律法をなおも遵守する者たちが、この時点では飢餓救済をきっかけに、握手をしてお互い認め合い、エルサレム側が異邦人教会からの援助を受け取ったのです。使徒言行録一五章で報告されている使徒会議や使徒教令の記述には、こうした事情が反映していると思われます。(5)

ローマ、エルサレムによる収奪

貧しい者たちを苦しめていたのは、戦争や政変や自然災害だけではありませんでした。パレスチナに住むユダヤ人たちは、エルサレムとローマ両方に対して税金を納める必要がありました。城壁で囲まれた都市内には、農地もなく、エルサレム自体では自分たちが消費するだけの農作物は作り出すことができませんでした。エルサレムでは、巡礼や観光にくる人々が落として行くお金や、各地から集められた神殿税、神殿の祭事に集まる人々から捧げられた賽銭が、さまざまな仕方で分配されていました。[6] 一生のうちに一度は聖地を訪れたいと思って地中海各地から巡礼のためにやってくる離散したユダヤ人や、観光のためにローマ帝国の各地から人々が集まってくることで、エルサレムの経済が成り立っていたのです。後一世紀のパレスチナでは、自然災害、疫病、飢餓、政体の変容といった激動の中で、人々はエルサレムやローマから税金を取り立てられ、わずかな蓄えを絞り取られることで、ただでさえ酷かった困窮の度合いが更に酷いものになりました。

イエスの運動を担った人たちの生活水準

古代社会に於けるエリートたちの生活状況は、いろいろな書簡、年誌、年代記などに、エッセイ風に書かれて残されているところから辿ることができますが、貧者や一般庶民が、実際どういう暮らしをしていたか、ということはあまり記録に残っていません。残されているのは、まさに新約聖書や、寓話の中においてです[7]。そうした記述を拾っていきますと、大雑把ですが現金にして年収三〇〇デナリウスあれば、普通の最低生活水準を上回る生活ができたようです。ポンペイで出土した記録によれば、小麦一モディウス（＝六・五〇三キロ）が三〇アス（＝一・八七五デナリ[8]）でした。年収三〇〇デナリウスは小麦一〇四〇キロ分代金に相当します。二〇一九年一〇月のアメリカの小麦相場は一トンあたり一九九・五二米ドルです[9]。ですから日常的な糧であった小麦の代金で単純換算すれば、年収三〇〇デナリウスは一六八・六七米ドル、日本円にして一万八〇〇〇円強で一年間生活することになります。一世紀のパレスチナでは都市および農村双方でも、不完全雇用が慢性化し、労働力ならびに製品に対する需要が変動していき、ほとんどが日雇いであったため、その日仕事にありついたとしても、日当一デナリウスで、次の仕事があるまで暮らさねばなりませんでした。このようにギリギリのところで生活できるかできないかの貧困線の上下を行ったり来たりしていたのがプトーコイであり、イエス運動の中心的担い手でした。

子どもを表す様々な言葉

さて、新約聖書で用いられているギリシャ語で、子どもを表す言葉は大きく分けて六つあります[10]。そのうちの「幼児」「胎児」と訳されているブレフォス（βρέφος）という言葉は、福音書ではルカ福音書でしか使われていません。特に、クリスマスで語られるバプテスマのヨハネやイエスの誕生物語に出てくるのはブレフォスです。最古の正典福音書であるマルコ福音書には、イエスの誕生物語もありませんし、この語は使われていません。

二番目に「子ども」「小人」を指し示すパイス（παῖς）という言葉があります。これは成長中の子ども、成年、奴隷、召使いなどを意味しますが、「人の子」「神の子」のように用いられることもあります。また、団体や組織の構成員を表す時にも、パイスが用いられますが、マルコにはこの用例もありません。一二歳になったイエス（ルカ二・四三）の記事や、使徒言行録に登場するパウロの話が長かったため、聞いていて窓から落ちてしまったという青年（使二〇・一二）の記事にも、パイスという言葉が使われています。パイスには「奴隷」という意味もあり、百人隊長の僕が出てくる物語で使われています（マタ八・八）。

三番目はパイディオン（παιδίον）という言葉です。複数形ではパイディア（παιδία）です。これはパイスという言葉の縮小形（ある言葉が示すものよりもさらに小さな観念や親愛の情を表す派生形）で、小さな子ども、七歳までの子ども[11]を指しています。冒頭で紹介したイエスの言葉でもパイディオンが用いられていました。パイディオン（パイディア）は中性名詞で、これがしばしば翻訳する際に問題になります。ギリシャ語でもラテン語でも、中性名詞は主格も対格（＝目的格）も活用形が同じであるために、これがどちらで用いられているのかは、文脈からしか分かりません。冒頭で紹介したマルコ一〇章一五節のイエスの言葉は、原文では「子どものように」となっており、「子どもが神の国を受け入れるように」（主格）なのか、私訳で示したように「子どもを受け入れるように神の国を受け入れる」（対格）なのかは、文脈の中で判断するしかありません。

四番目の言葉はパイダリオン（παιδάριον）ですが、これは七十人訳ギリシャ語旧約聖書にしかでてきません。五番目の「生み出す」という意味の動詞ティクノー（τίκνω）から派生したテクノン（τέκνον）という言葉ですが、これはアブラハムの子孫であるとか（マタ三・九／ルカ三・八、ヨハ八・三九）、相続する子どもがいない（ルカ二〇・三一）という時に用いられています。イエスの幼児物語では最初に挙げたプレフォスと共にこのテクノンが用いられています（ルカ一・七、二・四八）。最後にテクニオン（τεκνίον）という言葉がありますが、これは前述のテクノンの縮小形で、霊的な意味での子どもといった、師弟関係における弟子について述べる時に使われるもので、ヨハネ文書とガラテヤ書にしかでてきません。

子どもの社会的立場

さて当時の古代社会では、子どもは跡取り、つまり財産や文化、信仰の大切な継承者であって、子どもに恵まれることは神に祝福されていることのしるしと考えられていました。しかし同時に、子どもは病気、とりわけ疫病と飢餓に晒《さら》されており、生まれた子どものうち半分が一年のうちに亡くなってしまうような過酷な環境にありました。児童労働は当たり前で、働ければ重宝されますが、障がいを持っていたり、女の子であったり、病弱であったりすれば、邪魔者扱いされました。

子どもについての捉え方はこのように両極的なもので、家を継がせることができる、良い労働力を得られると見られれば宝物ですが、他方、役立たずと見なされれば、厄介以外の何ものでもありませんでした。当時の地中海世界では、様々な宗教、儀式の中で生贄にされる子どもがいたことが、考古学の発掘で分かっています。これには間引きの意味もあったと思われます。しかしユダヤ教社会では、子どもの見方に両義性はあったにせよ、間引き・生贄という習慣はありませんでした[12]。パウロの手紙でも、子どもそのものを肯定的に評価しているような言葉はありません。コリント人への第一の手紙では、物事の判断については子ども（パイディア）になってはいけないと言っています（Iコリ一四・二〇）。古代における子どもに対する一般的な評価の根底にあるのは、どちらかと言うと、英語のインファント（infant）の語源であるラテン語インファンス（infans）に表れているように、「できない者」「能力のない者」という見方です。

「そのような者たち」

人々は、子どもに対するこうした価値観が支配する古代社会に生きていたわけですが、イエスは子どもをどう見ていたのでしょうか。イエスが積極的に子どもという存在について語る場面が、最古の正典福音書であるマルコ福音書では二箇所あります。一つは、イエスが一人の子どもの手をとって、群衆の真ん中に立たせる場面です（マコ九・三六―三七）。イエスは、ガリラヤからエルサレムへと各地を放浪しながら移動する中で、一人の子どもを真ん中に立たせて抱擁し、「私の名のために、そのような子どもたちのうちの一人を受け入れるものは、私を受け入れるのである。私を受け入れるものは私ではなく、私を遣わした方を受け入れるのである」（私訳）と言っています。

もう一箇所は、冒頭で一部を引用した箇所（マコ一〇・一三―一六）です。ここは「イエスのもとに、人々が子どもたち（パイディア）を連れてきた」（一〇・一三）と訳されることが多いのですが、原文には「人々」という言葉はありません。この文章には主語が記されていないので、どのような人たちが連れてきたのかは憶測はできても、特定できないのです。弟子たちが、子どもたちを連れてきた者たちを妨げますが、イエスは憤って、「その子どもたち（パイディア）を私のところに来るようにさせなさい。それらを妨げてはならない。なぜなら、神の国はそのような者たちのものだからだ。アーメン、あなたたちに言う。子ども（パイディオン）を受け入れるように[13]、神の国を受け入れるものでなければ、そこに入ることはできない」（一〇・一四b―一五、私訳）と弟子たちに言います。

マルコ福音書を冒頭から読んでいきますと、子どもの助けを求める場面には、子どもの同伴者である親と一緒に、幼い子どもを示すパイディオンという言葉が必ず登場しています。たとえば五章では二一節以下で「ユダヤ人である会堂長ヤイロ」が、瀕死状態の幼い娘（θυγάτηρ テュガテール）を助けて欲しいとイエスに懇願します。イエスはヤイロの家に向かいますが、その途中で十二年以上出血が止まらない女性に出会います（二七節）。ユダヤ人社会では、血の流出は「穢れ」として扱われていたため、そのような状態の人は、人前に出てはいけないことが律法で定められていました（レビ一四・四―六、一五・二五、三〇）。周囲にいる人々を汚してしまうからです。そのことが知られたら、群衆の怒りに触れて石打ちにされ殺されてもおかしくありませんでした。命をかけてイエスと出会ったその女性は、九死に一生を得て癒されますが、その間に瀕死状態にあったヤイロの子ども（パイディオン）は死んでしまいます。しかしイエスは、子どものところに行って救命します。七章では二四節以下で、イエスがティルス地方でシリア・フェニキアの異邦人の娘（テュガテール）を癒す物語があります。イエスはここで「パンを子犬にやるのは良いことではない」（二七節）という比喩を用いているのですが、犬というのは当時の隠語でユダヤ人以外の異邦人を意味していました。ですから、イエスは異邦人の子どもを助けるのは良いことではないと言っていることになります。ティルスは、元々フェニキア人たちが築き上げた港湾都市で、異邦人が沢山いる土地でした。そのような異邦の土地に出かけていっても、自分が語りかけているのはユダヤ人であって、異邦人ではない、とイエスは言っているわけです。しかし、この母親は引き下がりません。比喩の逆手を取って、子犬たちだってテーブルから落ちるパンを食べるのだから、ユダヤ人の子どもたち（パイディア）がこぼしたものを異邦人の子どもたちが享受してもいいはずだと言って、イエスを説得するのです。イエスはその主張を受け入れます。母親が帰ってみると、イエスが言うようにその子ども（パイディオン）は癒されていました（七・三〇）。九章では、口を効かせなくする霊にとりつかれていた息子（υἱός ヒュイオス）をイエスのところに連れてきて（九・一七）、その子（パイディオン）の親が助けを求めて叫んでいます（九・二四）。

　マルコ福音書では一〇章にある最後の一例を除いて、イエスが子どもたちとのかかわりを持つ場面では必ず保護者が特定されて登場します。その娘（テュガテール、五・二三、三五）／子ども（パイディオン、五・三九―四一）／少女（κοράσιον コラシオン、五・四一）のために父親である会堂長ヤイロが、その娘（テュガテール、七・二六、二九）／子ども（パイディオン、七・三〇）のために母親であるシリア・フェニキアの女が、その息子（ヒュイオス、九・一七）／子ども（パイディオン、九・二四）のために父親であるユダヤ人群衆のうちの一人が、それぞれ助けを求めて来ているのです。しかし、最後に子どもたち（パイディア）が登場する場面（一〇・一三―一六）では、子どもたちを保護する主体であるべき親たちの姿が記述されていません。

　ギリシャ語では、特定しなくても明らかな主語の場合には、動詞の活用語尾で分かるため、主語を記さなくても良いのですが、この文章には前にも後にも説明が無く、この文脈ではどのような人たちが子どもたちを連れて来ているのか、全く分かりません。弟子たちは「無名」の引率者たちを叱りますが、なぜ引率者を叱らねばならないかの理由も記述されていません。しかしイエスは、子どもたちの行動を妨げるのを見て憤り、弟子たちに言います。「子どもたちを私たちのところへ来させなさい。妨げるな。神の国はそのような者たちのものである」。そう言ってイエスは、連れてこられた子どもたちを抱擁し、手を置いて祝福するのです。そして、この場面で、子どもたちを眼前にしていながら、イエスは、神の国は「これらの者たちのもの」(τῶν τούτων トーン トゥートーン)であるとも、神の国は「子どもたちのもの」(τῶν παιδίων トーン パイディオーン)であるとも言わず、神の国は「そのような者たちのもの」(τῶν τοιούτων トーン トイウートーン)であると言うのです。

寄る辺なき者の象徴

この伝承が成立した最古の段階では、弟子たちが制止した子どもたちは「孤児」、あるいは「捨て子」だった可能性があることが指摘されています[14]。弟子たちはすべてを捨てて、イエスに従っていました(マコ一〇・二八)。弟子たちは安息日に他人の麦畑に入り、収穫して手で脱穀して生麦を食べていますが、弟子たちが咎められているのは窃盗や飲食ではなく、安息日の労働行為です(マコ二・二四)。彼ら彼女らはその日暮らしで飢餓状態にあったのです(マコ二・二五)。ユダヤ教社会では貧しい人々、寄留者、孤児、寡婦、つまり日々の糧に窮している者たちが、果樹園や畑に入り果実を食べたり、落ち穂を拾ったりすることはゆるされていました。それどころか貧しい人々の為に収穫物の一部は畑に残しておき、収穫した時も掃除してはならない、収穫した穀物の束を置き忘れても取りに行ってはならないとされていました(レビ一九・九—一〇、二三・二二、申二三・二五—二六、二四・一九)。安息日論争の場面で描かれている弟子たちの行動に表れているように、彼ら彼女らは目の前に食べ物があったとしても、次にいつ食べられるか分からない、いつも空腹である絶対的貧困状態にいました。イエスの神の国（支配）の宣教運動を展開している者たちは、各所で支援を受け、共に食事をする共同体を形成しながら、各地を移動していたのですが、そうしたその日暮らしの生活の中に子どもを受け入れるということは、尋常なことではありません。たとえ、寄る辺ない子どもであったとしても、そのような状況下で子どもを引き受け、更に子どもたちを過酷なサヴァイバル的生活状況に引き込むことは――現代的に言えば――児童虐待以外の何ものでもありません。子どもたちを連れてくることを弟子たちが叱って止めているのには、それなりの理由があったと考えられるのです。

目の前に子どもたちがいるのに、マルコ福音書の本文では、前述のように「これらの子どもたち」とは言わず、わざわざ「そのような者たち」とイエスは言っています。それは目の前にいる子どもたちを、寄る辺ない存在の象徴として指し示して言っているからです。特定の保護者もおらず、誰かが手を差し伸べて助けない限りは死んでしまうような子どもたちを見過ごしにして、どうして神の国（支配）に入ることができるのか、とイエスは弟子たちに対して問います。寄る辺なき、最も小さくされている存在を引き受け、子どもの守られる権利を認めることこそが、神の国（支配）を引き受ける出発点であるとイエスは言うのです。

シリア・フェニキアの女（マコ七章）は、わざわざユダヤ人しか相手にしていないイエスのところに助けを求めて来ました。他のどこにも寄る辺がなかったからです。自分の共同体でも誰にも面倒を見て貰えない存在が、イエスに助けを求める中で受け入れられました。マルコ福音書では、一連の子どもたち（パイディア）の物語の大枠の中で、寄る辺なく、小さくされている「そのような者たち」を受け入れる者が、イエスを受け入れるのであり（マコ九・三七）、子ども（パイディオン）を受け入れるようにして神の国（支配）を受け入れなければ、神の国（支配）に入ることができない（マコ一〇・一五）、とイエスは語るのです。

その日暮らしで移動している共同体に、保護者のいない子どもを受け入れることができるでしょうか。当時も大きな議論があったに違いありません。イエスの賛同者たちの中には、全てを捨てて付き従っていった人々以外に、各地で定住したままで支援をしていた人たちもいました。最終的にはイエスの運動を支えていった各地の定住支援者たちが、最も小さくされた、寄る辺なき存在である孤児や捨て子たちを引き受けていったと思われます。マルコ福音書は、イエスの死後、ローマ社会の捨て子やユダヤ戦争（後六三年―）の戦災孤児の存在が度々問題になる中で、マルコ福音書を読んでいる世代のキリスト教徒たちに対して、生前のイエスの言葉をつきつけているのです。

マルコ福音書では、イエスの振る舞いは、単にイエスが運動を展開する中で子どもたちを受け入れたことにとどまることなく、世代を超えて、ユダヤ教社会でも異邦人社会でも周縁に追いやられ、寄る辺なく、小さくされている者たちを受け入れることの象徴行為として描かれています。残念ながら現代の私たちの社会では、貧困状況のただ中にいる最優先されるべき子どもたちさえ、十分に受け入れることが出来ていません。イエスの弟子たち、最初期のキリスト教会にも突きつけられていた問いかけが、世代、時代を超えて形を変え、現代の私たちにも同じようにして突きつけられているのです。

注

（1）E. W. Stegemann/W. Stegemann, *Urchristliche Sozialgeschichte: Die Anfänge im Judentum und die Christusgemeinden in der mediterranen Welt*, 2.Auflage, W. Kohlhammer GmbH 1995, S. 74.

（2）ルカ六・二〇bと、マタイ五・三を比較参照。「イエスが現に正真正銘の苦境に立たされている者たちに呼び掛けていることと、文献的にほとんど使用例がない二人称による直接性が目を引く。……彼らにイエスが希望を抱かせようというのは矛盾として響く。イエスにそれが可能だったのは、全ての人間的関係を逆転させる天の王国の将来的リアリティーをイエスが確信していたからである」（ツェラー『Q資料注解』今井誠二訳、教文館、二〇一〇年、四六頁）。

（3）W. Stegemann, Kontingenz und Kontextualität der moralischen Aussagen Jesu, in: Stegemann/Malina/Theißen (hrsg.), *Jesus in neuen Kontexten*, Kohlhammer 2002, S. 173.

（4）G・タイセン『イエス運動——ある価値革命の社会史』廣石望訳、新教出版社、二〇一〇年、二〇三頁。

（5）荒井献『使徒行伝中巻』（現代新約注解全書、新教出版社、二〇一四年、一八九頁以下）とタイセン『イエスとパウロ——キリスト教の土台と建築家』（日本新約学会編訳、教文館、二〇一二年、二二七頁）も、ヨセフス『古代誌』二〇・四九—五一のアディアベネ王家のエルサレムへの生活物資援助と時期的に並行する形で、異邦人教会がエルサレム教会のための献金集めを行ったが、使徒行伝では、異邦人教会の援助をもたらしたパウロのエルサレム訪問と使徒会議があえて分離されて描かれていると推測する。

（6）タイセン『イエス運動——ある価値革命の社会史』二四四頁。

（7）ロバート・クナップ『古代ローマの庶民たち——歴史からこぼれ落ちた人々の生活』西村昌洋監訳、増永理考・山下孝輔訳、白水社、二〇一五年、九頁。

（8）E.W. Stegemann/W. Stegemann, *Urchristliche Sozialgeschichte*, 2.Auf., S. 47f.

（9）World Bank Commodities Price Data（The Pink Sheet）4-NOV-2019, p. 1. https://www.worldbank.org/en/research/commodity-markets 2019.11.27 参照。

（10）G. Kittel, *Theological Dictionary of the New Testament (TDNT)* vol. V, Eerdmanns 1977, pp. 636-654.

（11）*Op. cit.*, p. 638.

（12）W. Stegemann, Lasset die Kinder zu mir kommen—Sozialgeschichtliche Aspekt des Kinderevanglium in: W. Schottroff/W. Stegemann(Hg.), *Traditionen der Befreiung*, Bd.1 Methodische Zugänge, Chr. Kaiser 1980, S. 123.

（13）ギリシャ語の原文では、「子どものように」（ὡς παιδίον ホース・パイディオン）とだけあり、子どもを受け入れるように（対格）なのか、子どもが受け入れるように（主格）なのか、二つの訳出の可能性があり、解釈者の間でも意見が分かれている。

（14）W・シュテーゲマンは、孤児なのか捨て子なのか、あるいはもはや、それ以上扶養できなくなった子どもたちが連れてこられたのかは判断できないにせよ、問題になっているのは寄る辺のない子どもたちの受け入れ（die Aufnahme *unversorgter* Kinder）であることは明白である とする（W. Stegemann, *op. cit.* S. 129）。Ｒ・ペッシュも「助けを求めている子ども」（das hilfsbedürftige Kind）であるとする（R. Pesch, *Das Markusevangelium. II. Teil. Kommentar zu Kap. 8,27- 16,20, HThKNT* Bd.2/2, Freiburg 1977, S. 105ff.）。

第8章
社会関係資本のワンピースになる

小見のぞみ

本書では、大切な「子どもの権利」が守られていない状況を「子どもの貧困」と「キリスト教」というトピックからみてきました。それは、今、わたしたちの社会でとても小さなものにされている子どもの権利を、大事なものにするにはどうしたらよいのかを考えるためです。たくさんのものを奪いとられている子どもたちを前にして、わたしたち大人は、子どもたち自身のエンパワメントのために、いったい何ができるのでしょう。

最後のこの章では、子どもたちが「生きる、育つ、守られる、参加する」ことができる社会を創っていくために、わたしたちがその課題を実践する道筋について考えたいと思います。声をあげられない子どもに代わって窮状を訴え、すべての子どもたちが笑顔で生きられる社会へと周囲を変える一人になる、そんな子どもの権利の擁護者、子どもの育ちの応援団となりたいものです。

かかわらなければ……

子どもたち、若い人たちが軽んじられ、生きる上で必要なさまざまなものを剝奪されている現状を解決するためには、当然、色々な対策、手立てが考えられます。けれども、わたしたち、当事者の親でも家族でもない大人ができることは、まず「みすごさない」で「かかわる」ということではないでしょうか。第5章で弁護士の坪井節子さんが述べているカリヨンの活動の柱の一つ、「ひとりぼっちにしない」を実現するために、その子どもを孤立させない、誰かが結びつくということです。

そうはいっても、わたしはすぐにひるみます。複雑に絡み合った深刻な問題をずっと抱えている子どもや家族を前にして、自分には何もできない、どうせ無理だとあきらめそうになるのです。そんなとき、塔和子さんの詩が響いてきます。

胸の泉に　　　　　塔　和子

かかわらなければ
　この愛しさを知るすべはなかった
　この親しさは湧かなかった

この大らかな依存の安らいは得られなかった
この甘い思いや
さびしい思いも知らなかった
人はかかわることからさまざまな思いを知る
子は親とかかわり
親は子とかかわることによって
恋も友情も
かかわることから始まって
かかわったが故に起こる
幸や不幸を
積み重ねて大きくなり
くり返すことで磨かれ
そして人は
人の間で思いを削り思いをふくらませ
生を綴る
ああ
何億の人がいようとも

かかわならければ路傍の人
　私の胸の泉に
枯れ葉いちまいも
落としてはくれない

（『未知なる知者よ』海風社、一九八八年、四六—四七頁）[1]

　塔和子（一九二九—二〇一三）さんは、一一歳の頃ハンセン病にかかり、一三歳で国立療養所大島青松園に入所、以来七〇年にわたる療養所生活を通して、人々の心を揺さぶる詩を書き続けました。瀬戸内海に浮かぶ大島にあるハンセン病療養所のクリスチャン詩人として、さまざまなメディアにも取り上げられ、二〇〇三年にはドキュメンタリー映画「風の舞——闇を拓く光の詩」（監督・宮崎信恵、詩の朗読・吉永小百合）が公開されています。

　誤った政策によって社会から強制隔離され、それまでの生活のすべてを奪われた塔和子さん。小さな島から発せられた詩の一編は、今も、これを読むわたしたちを「かかわる勇気」へと招いています。この詩を思い出すたびに、そうだ、ほんの少しだけみつめていよう、もう少しだけ一緒に座ってみようと思わされます。

　そんなささやかな「かかわる」という行為は、子どもの貧困に当てはめて言えば、どのようなことでしょうか。第3章で社会学者の宮本みち子さんは、「貧困は、経済的資本、人的資本、社会関係資本の三つの資本の欠如・欠落した状態と定義できます」と述べています（本書46頁）。貧困状態とは、大きく三つ――①経済的資本（お金や物）、②人的資本（学歴や能力）、③社会関係資本（人間関係や絆）の欠けに直面していると考えられ、その根源となる経済的資本の欠如を埋める経済的支援は、個人レベルの努力では到底追いつかない、社会政策や保障制度による仕組みを必要とするものです。だとすると、わたしたち、社会の大人にできるのは、とくに三番目、社会関係資本の欠けに手あてをすること、つまり、子どもたちから奪われてしまっている人間関係や結びつきを取り戻すことによって、その人の能力などの人的資本の低下を少しでも防ぐことではないかと思われてきます。

子どもの発達と周囲のつながり

社会関係資本（social capital）は、信頼・ネットワーク・規範といった社会組織の特徴を指す言葉で、「信頼できる社会的な繋がり」や「豊かな人間関係」、一文字で言うなら「絆」と呼ぶことができます。たとえばあなたが、大変な目にあったとき「困ったときはお互いさま」と手を差し伸べてくれる友人、「どうしたの？」と心配してくれる近所の人、問題解決のヒントをくれる情報通の知人や顔の広い先生、新たな出会いや経験の機会をくれるスポンサーなどのいわゆる「コネ」、「ツテ」に恵まれているなら、それは社会関係資本が豊かであるということになります。

一方、貧困状態にあって、社会関係資本を欠いている子どもは、困ったことが起きても助けてくれる信頼できる知り合いがいません。親にも相談相手がいないので一家で孤立してしまい、そこから抜け出るためのチャンスや出会いからも切り離されてしまうのです。こうしてみると、社会関係資本という考え方は、子どもの貧困や子どもの権利・機会の剝奪と向き合う上でとても重要で、子どもたちと「かかわる」ための手がかりと言えそうです。

社会的格差が開くアメリカで、長年、子どもたちが持つ社会関係資本に注目し、その醸成（豊かに育むこと）こそ社会がすぐに取り組むべき課題だと主張する政治学者ロバート・D・パットナムは、こんなふうに述べています。「子どもの発達は、社会関係資本によって強力に形作られる。少なくとも五〇年にわたる膨大な研究の示すところによれば、児童の家庭内、学校内、友人集団内、そしてより大きなコミュニティ内における信頼、ネットワーク、互酬性規範は、広範な影響を児童の機会と選択に、そして行動と発達に与えている[2]」。子どもの周りの社会に信頼が、ネットワークが、助け合いの規範があるかどうかが、子どもの発達と可能性に大きな影響を与えるということです。

パットナムはこの本の中で、米国の児童福祉の調査指標「キッズカウント指数」を用いながら、子どもの生活に影響を与える第一の要因は貧困であり、第二位が社会関係資本であったと述べています。しかも、貧困は子どもによくない状況をもたらす負の結果の原因となる一方、コミュニティ参加率が高いなど、社会関係資本が豊かであるほど、退学や婚外子の出産を防ぐといった、幅広いプラス面、すなわち、良い結果と結びつくのだそうです。

そこで、わたしたちはまず、子どもの発達にとても強く影響を与えるにもかかわらず、格差社会のひずみの中で、子どもたちから奪われてしまっている社会関係資本を取り戻すことに集中してみてはどうでしょうか。保育園・幼稚園の先生として、あるいはなにか食べさせたり、教えたり、相談にのったりする近所のお姉さん・お兄さん・おばさん・おじさん、教会や地域の「世話焼き」さんとして……。いろんなあり方、立場、場所で、子どもたちや親たちの社会関係資本の欠けを埋めるパズルのワンピースとなることは可能なのです。

そのために、わたしたちはそれぞれの人的資本（能力）を活用することができます。「わたしは貧困の中で育って、あんまり人的資本にも恵まれていないなぁ」と思う人でも、子ども好きだったり、お料理ができたり、おしゃべり好きだったり、聞き上手だったり、興味のあることにかけてはオタク的な膨大な知識があったり、なにかの免許や資格を持っていたり、何かしら得意なものがあるのではないでしょうか。そんな、人的資本——キリスト教ではタラント（才能、賜物）と言います——を与えられているわたしたちは、社会関係資本の三つのキャラクター（顔）である（1）信頼、（2）ネットワーク、（3）（互酬性）規範についてよく知り、それらを身につける、自分自身がそうなっていくことによって、子どもたちとつながることができるのだと思います。では、その三つの特性について、もう少し踏み込んで考えていきましょう。

信頼——それは「共感力」

子どもたちの社会関係資本を考えるとき、なによりも重要なものは「信頼」です。そう考えたとき、わたしの心に思い浮かぶのは、ホームレスの生活を記録した映画『あしがらさん』[3]の中で、路上で暮らす通称あしがらさんが発した、「あんただけは信じるよ」というひとことです。

社会から切り離され、誰とも交流することなく、ひとりゴミをあさりながら新宿の街で野宿生活をしていたあしがらさんが、寝ているところを襲撃されてひどく弱り果てていたときにカメラを回す、この映画の若い監督、飯田基晴さんに言うのです。「あんただけは信じるよ」「信じるよ」と。そして、あしがらさんは、それを機に不信と孤独、困窮のどん底から徐々にですが、自分の名前を、住む場所を、人とのつながりを、笑顔を取り戻していきます。

わたしは、大学の「子どもと人権」という授業で、保育者を目指す学生と毎年この作品を観るのですが、観るたびに、この言葉はあしがらさんに新しい世界の扉を開いたマジックワードのような気がします。「あんただけは信じる」と言える誰かの存在、それが、あしがらさんの世界と生活を一変させるきっかけとなるのです。温かく、よい関係を剝奪された人、特に子どもにとって、「信頼できる一人の大人」は社会関係資本そのものなのだと思います。

どうして飯田さんは「信じるよ」と言ってもらえたのでしょう。たぶんそれは、飯田さんがあしがらさんの傍観者となるのではなく、あしがらさんの思いを受けとめ、自分の立場になって考えてくれる人だと感じてもらえたからではないでしょうか。飯田さんの深い共感力が、固く閉ざしたあしがらさんの信じる気持ちを引き出したと言えるでしょう。

このように子どもの信頼を得る大人とは、子どものありのままを受けとめ、声にならない思いを分かってくれる人であり、同時にその態度をいつも変わらず一貫して表せる人なのだと思います。学生が、自分の目指す保育者像に「子どもに寄り添う保育者」とあげるのをよく聞きますが、まさに子どもの心とからだ、その存在に寄り添う共感力をもつ者になりたいということなのでしょう。けれども、これはかなり難問です。なぜなら、共感したい相手、子どもとは、本音をことばにして伝えてくれないだけでなく、本心のとらえにくさナンバーワンの存在だからです。

小浜逸郎《こはまいつお》さんは『方法としての子ども』（ちくま学芸文庫、一九九六年）という子ども論の中で、子どもを論じる、子どもを知ることは、子どもを対象として学問的にどれだけ研究したとしても、なお「歯が立たない」難しさがあると書いています。

「おまえはどれだけ知っているか？」という知についての普遍的なつきつけが、ここでは「おまえはどれほどこの対象を自らよく生きてきたのか」というつきつけにそのまま重なり合うように思えるのである。言いかえると、「子どもとは何者か」の問いに答えることはただちに「大人とは何者か」の問いに答えることであり、そして究極的には「おまえは何者か」の問いに答えることでもある。

（『方法としての子ども』三二一―三二二頁）

大人であるわたしたちは、みんな、最初は子どもであった実体験から人間を生きはじめ、今も自分の中に子ども（内なる子ども性）を住まわせているので、子どもを単に客観視することはできないというのです。子どもは「独特の位相《いそう》」にある、今大人になっている者にとって、とても不思議な語りにくさ、さらに言えば、自分の本性を問い暴いてしまう恐ろしさをもって迫ってくる存在だということなのです（それで、世の中には、「子どもが苦手」「子どもが嫌い」な人が結構たくさんいると思います）。

では、どうやってそんな子どもを知り、共感するのでしょうか。小浜さんは、子どもを考えるには大きく分けて三つの方法があると教えてくれています。その一つめは「科学的・実証的方法」。児童心理学などのように、子どもを観察対象として比較することで知っていくやり方です。保育者や教師になろうとする人は、この方法で「子どもの発達」などについてたくさん勉強し、子ども理解を深めることになります。

二つめは、「歴史的・記号論的な方法」、社会的文脈の中で用いられている子どもという概念から、子どものイメージを作るやり方です。同じ「子ども」といっても、それが現代日本の都市に住む母子家庭の子どもなのか、中世ヨーロッパの貴族の子どもなのか、二〇〇〇年ほど前の砂漠の遊牧民の子どもなのかによって、その「子ども」はまったく違ったものとしてとらえられます。ですから、ある子どもを知ろうとするならば、その子が生きているところがどのような場、環境であるのかを、細心の注意をもって知ることが重要なのです。第7章で今井誠二さんが緻密に分析しているように、子どもがおかれている時代、文化、地域の状況、社会構造などのコンテキスト（文脈・背景）を認識・理解しながら、その子どもを知るということが大切となります。

今を生きる子どもたちを知ろうと思ったら、今、子どもたちをとりまいている家庭や社会の状況、育っていくと出合う学校や企業の体制など、実にさまざまな事柄、政治、経済、法律、歴史、そして世界や宇宙にも目を向けなければなりません。その上でもう一つ、子どもを知るには「内観的・文学的方法」[4]があるといいます。

それは、「自分が子どもであったころの心的衝撃や不安の体験といったものをできるだけ記憶の中に呼び起こし（あるいは、子ども期を扱った文学作品などの中に定着された記録を資料として）、それらが、現在は大人としてふるまっている自分とどういう落差を開いているかを追求するところから、子どものイメージをくみ立てようとする方法」であると述べられています。

子どものころの心象風景、思い出にきざまれたこと、悲しかったこと、うれしかったこと、わかってもらえなかった気持ちなど、自分の体験を持ち出して、子どもの思いに近づき、想像し共感的に知るということでしょう。そして、子どもを知るために「最もいいのは、これら二つの方法すべてを含みつつ、総合的な角度によって子ども存在に光を当てること[5]」だと書かれています。

子どもだったころの心象風景

大人になるにつれて、遠い昔になってしまった子ども時代。子どもの心を思い出すために、よく、お母さんたちや先生たちに紹介する詩があります。工藤直子さんの「あめふり」という詩の一部です。

あめふり

まどから　みていたら
せんたくの　ひもの　ぷらんとしたところに
あめの　つぶが　たまっていました
もっとみていたら　すこし　ふくらんでから
ぽたんと　おちて　いきました

……

ふりむいて
「かあさん　あめつぶがね」と　いったら
「しゅくだい　やったの？」と　かあさんが　きいた

こんどは　だまって　あめつぶをみました
（『こどものころに　みた空は』理論社、二〇〇一年、五四―五五頁）

もう何度も何度も読んできた詩なのですが、声に出して読むたびに切なくなって、涙が出そうになります。「親は、大人は、結局わかってくれないんだ」と、じっと黙って部屋にうずくまっていた、幼い日の風景と心の痛みがよみがえってくるのです。子どもは言葉で説明しないけれど、たくさんの哀しみをかかえて生きている――。泣いていた小さいわたしだけが、今目の前にいる子どもの気持ちを痛いほどわかることができるのかもしれません。

科学的・実証的な学びに裏付けられた知性、人間の歴史と文化への造詣（学識）、世界を駆けめぐる情報をキャッチし判断・理解する能力、自分の心を動かして目には見えないものを見つめる感性……。求められているタラントや資質を考えると、子どもを知るというのは、ほんとうに大変なことなのだと思います。それでも、自分が使える力を総動員して、一人の子どもをわかりたいと願うあなたに、子どもは安心してぴったりとくっついてきてくれたり、半分そっぽを向いて憎まれ口をききながら、それでも離れないでいたりすることでしょう。そんな、「あなたは信じられる大人だよ」という、子どもからの認証《サイン》を、もらえる存在になりたいものです。

ネットワーク――弱いつながりでもいいから

社会関係資本の二つめの顔は、「ネットワーク」ですが、「社会関係資本」そのものを「絆」や「社会的ネットワーク」などと言い換える場合もありますから、この「つながり」という要素はとても重要です。先述のパットナムも、近年の著作『われらの子ども――米国における機会格差の拡大』の中で、「社会学者がしばしば用いる『社会関係資本《ソーシャル・キャピタル》』という用語は、社会的なつながりの程度を表現している」と述べ、「家族や友人、知り合いとのインフォーマルな関係、市民組織や宗教、運動チーム、ボランティア活動への参加」などのつながりを社会的ネットワークと呼んでいます。そして、このようなコミュニティの絆（社会的ネットワーク）は、「健康や幸福度、教育上の成功に経済上の成功、治安、そして（とりわけ）児童福祉に強い影響を持っている」(6)としています。

第4章で教育社会学者の西島央さんも、社会関係資本の蓄積が子どもたちのよりよい将来につながると述べているように、社会とのつながりやサポートを切られてしまうと、子どもたちは幸せに成長できなくなるので、人間関係はとても大事ということになります。そして、注目したいのはここからです。パットナムは、米国の社会経済的階層（上層階級か下層階級か）によって、ネットワークの程度や質、範囲には大きな違いがあり、それが子どもの未来を決定的に違うものにしているというのです。それをまとめてみると、以下のようになります。

米国で教育的水準も高い上層階級の人たちは、家族や特に親密な友人とのインフォーマルな

「強いつながり」(タイトな関係) をたくさん持っていると同時に、単なる知り合いといった「弱いつながり」（そこそこの関係）も幅広く、多く持っています。そしてその階層の人たちは、自分が持っている「広範で、多様性の高いネットワーク」から、いろいろな大人――習い事の先生・指導者や医者、弁護士、会社の社長さんなど――と自分の子どもを出会わせることができ、「子どもが弱い紐帯《ちゅうたい》を形成するのを可能にしている」のです。紐帯とは「ひもとおび。転じて、物と物、人と人を結びつける役割を果たす大事なもの」を意味します。この「弱い紐帯」が、実は、子どもの可能性、世界を広げることになります。

一方、下層階級で教育水準も低い人たちの社会的ネットワークは希薄で、不要なつきあいである場合が多く、関係の範囲が親族に集中しているのが特徴です。この人たちの外との結びつきは浅く、いざというときに親身になって必ず助けてくれるという「強いつながり」を望めません。この階層の人たちには家族や親戚以外に、たとえば地域で助言者《メンター》となってくれる人などがほとんどいないのです。そこで、下層階級の親のもとにいる子どもは、非常事態になっても、身の危険や困難を相談する相手（親しい他人の大人）がいないだけでなく、将来を展望するために重要な、今まで知らなかった世界との出合いや交流のチャンスからも隔絶されてしまうのです。

このような米国の現状は、経済的貧困が、今や子どもが得られるネットワークの量と質をまったく変えてしまっている事実を物語ります。貧困は、信頼できる大人との関わりそのものを失わせ、ひいては子どもの将来や夢さえも奪い取ってしまうという恐ろしい結果をもたらすのです。こうして生まれる貧困の連鎖は、取り返しのつかない格差の拡大となって、次世代の子どもたちにのしかかっていくのだと、暗澹《あんたん》たる気持ちになります。そんな中で、権利の剝奪や貧困に直面する、いわば「よそ様の子ども」に、わたしたちはどんなふうに「つながる」ことができるのでしょうか。

アフリカのことわざに「子どもを一人育てるのには村が一ついる」というのがあるそうです。子どもは親や一家だけで育てられるものではなく、社会全体の協力が必要なのだという教えですが、「村」を想像してみると、なかなか面白い、含蓄のあることばです。一つの村には、お年寄りから赤ちゃんまで、忙しく働く人からのんびりしている人まで、いろんな人がいることでしょう。

一人の子どもが育つには、その子の「家《ウチ》」を超えた、弱いかもしれないけれど、広く多様なつながりである「村」が必要なのだと、このことわざは語っているのです。いろんな人の手が重ねられることで、子どもを落っことすことのないハンモックが編まれている――。そのネットを構成する、それぞれの紐を見れば、太さも色も違っていて、細くて切れそうな糸みたいなものだってあるんだと言っているかのようです。

現代日本における貧困家庭の親も子も、生活に困難を抱えながら、誰にも助けを求めず、家族内にひきこもるように問題を隠し、さまざまな権利の剝奪に耐える――、子どもの貧困の「見えない」実態は、社会がそこにつながることの難しさを語っています。つながることなどできないと、結びつくことをあきらめてしまいそうになる、そんな中で、アフリカのことわざやパットナムの研究は、わたしたちが見落としがちな、「弱い紐帯」という関係のあり方やその意義に気づかせてくれるのではないでしょうか。出会った時に笑顔で挨拶をする、ひとこと声をかける、顔見知りになってちょっとした悩みを聞けるようになる、そんな小さなところから始まるいろいろな人々のいろいろな交流が、子どもたちと親たちの弱い紐帯となり、少しずつ網をつくって広がり、ネットワークと呼ばれるようになるのだと思います。

「まずはごはん」の精神

二〇一三年五月二四日、「最後におなかいっぱいたべさせられなくて、ごめんね」というメモと共に、電気やガスの止められた大阪市北区の一室で二八歳の母親と三歳の子どもの遺体が発見されました。母親は夫の暴力から逃げ、実家にも居場所を教えないまま、親子で困窮し、餓死したものと思われます――。この事件の報道がなされた翌日、人権活動家の徳丸ゆき子さんが仲間と共に立ち上げたのが、「まずは、ごはん！」を合言葉に活動を続ける「大阪子どもの貧困アクショングループCPAO（通称しーぱお、Child Poverty Action Osaka）」です。その活動目的には、こう書かれています。

子どもには自分で育つちからがあります。そのちからを様々な原因で奪われている子どもたちがいます。子どもが育つ環境をおとなや社会は、どう整えることができるのでしょうか？ 私たちは周りのおとなと共に、よりしんどい状況に置かれているこどもたちに「まずは、ごはん」からつながり、「子どもの育ち」をサポートできる社会を目指し、活動を展開していきます。

（CPAO／徳丸ゆき子他編『まずはごはん』日本機関紙出版センター、二〇一八年、五頁）

わたしたちが生きる社会、おなじその場所（村）に生まれてきた子どもには、本来育つ力が備えられている、ただそれを何らかの理由で奪われてしまった子どもたちと、「まずはごはん」からつながろう、そして、子どもたちの周りにネットワークを結んでいこう――ここには、社会関係資本のネットワークづくりのABCが、書かれていると思います。できることを、できる人から、無理せず、手をつなぎ合って続けよう――という呼びかけに励まされて、小さい一歩を踏み出したいものです。

規範――テクノポリ時代の「最高の道」

今からもう二五年も前のこと、スマートフォンはもちろんなく、通話機能のみの携帯電話しかなかった一九九四年、メディア・エコロジーを専門とするアメリカの社会・教育学者ニール・ポストマンは『技術VS人間――ハイテク社会の危険』という本の中で、技術が人間を支配する時代がひたひたとやってきていて、それは社会の性格や人々の関心の構造さえも変えてしまうと警告しました。ポストマンは、名前がないため、みんな気づかないでいるその状態を「技術であるテクノさんがもたらすテクノポリ」（TECHNOPOLY）と名づけます。一人テクノロジーが世界を牛耳る、いわば「技術至上主義体制」の社会がいつのまにかきているよと言ったのです。(7)

なぜ、人は、技術に世界の支配権を明け渡し、技術崇拝、技術信仰に陥るのでしょう。ポストマンは、ハイテク社会の技術とは、単なる知や技能ではなく、もっと人格的なもの、つきあう「相手に信頼と従順を要求するような友人」だと言います。そのため、「ほとんどの人は、技術の贈り物が真に豊かであるために、こうした信頼と従順を捧げがち」になるのです。テクノさん（技術）は、たくさんの素晴らしいもの、便利で面白く、画期的で刺激的で魅力的なものを、次々とプレゼントしてくれる友だちです。だから、惹きつけられ夢中になる、テクノさんの言うことは無条件で聞いてしまうのです。

「でももちろんこの友人には暗い面がつきまとっている」と話は続きます。この友人が持ってくる贈り物をただ受け取って生きるということは、恩恵（いいこと）をたくさんもらうのと引き換えに、「大きな犠牲」、代償を払うことになります。ニコニコと、テクノさんの差し出すプレゼントを使っているうちに、わたしたちは、いつの間にか何でもその技術の言うなりになり、その枠組みを外れて考えられなくなるのです。とてもオーバーに言えば、技術がなんの抑制もなく野放しにされると、「人間性の根源」が破壊されるのだと、ポストマンは書いています。テクノポリは、「道徳的基盤を持たない文化を創りだし、人間生活を生きるに値するものにする精神作用や社会関係を損なう」のです[8]。

ここで、技術によって破壊されてしまう「人間性の根源」は、道徳的基盤をもった文化、人間固有の価値である精神性、社会関係などと関連づけられて表現されていることに注目しましょう。それが、社会関係資本の三つめの顔、人間が共に生きていくための規範、「互酬性規範」ということだと考えられます。

貧困によって、子どもから、そうした互酬性規範が奪われるということは、「困ったときはお互いさま」という文化、「よその子もうちの子もみんな大事な神さまの子ども」という昔からの常識、何があっても何がなくても「命こそ宝」という教えのようなお互いに共有されていた暗黙のルールが、子どもたちを取り巻く社会から無くなってしまっていることを指しています。つまり、「情けは人の為ならず」、人に優しくすることは自分が生きる道そのものだとする伝統や、協力し助け合うといった人間関係のあたりまえが、もはや、大人たちの世界の共通ルールとなっていないということです。

けれども、ポストマンが述べるように、技術の進歩が、人間の優しさや尊さに基づいた文化や、共生への叡智の歴史や営みを破壊してしまうとすれば、今日の社会で、子どもたちは、そしてわたしたちは、どのような規範を掲げることができるのでしょう。

最先端の技術である遺伝子治療や再生医療は、素晴らしい成果をわたしたちに与えてくれると同時に、いのちの操作や選別を可能とします。そのとき、誰が、何の基準で「異常な」遺伝子や

「優れた」細胞を決めることができるのでしょう。いのちに関わる規範は、技術革新の議論の蚊帳の外におかれているようです。それは、科学技術の粋を集めてなされた核開発と放射能技術の末路が、大量殺りくや果てしない放射能汚染を引き起こしていることからも感じられることです。

また、一人の人の存在が目覚ましい高速情報処理技術によって「一情報」としてデータ化され、個人情報がお金になる時代では、その集積であるビッグデータが物だけでなく人を、そして社会をも動かしています。数字の操作や統計のマジックに踊らされ、いつのまにかとんでもないものを買わされて、気がついたら過半数の人が反対していないからという理由で、侵略や戦争の道を突き進んでいるなどということにもなりかねません。

瞬時にどこの誰とでも繋がれるインターネット技術によって、ソーシャル・ネットワーキング・サービス（SNS）上では、誰にでも開かれた匿名性ゆえになんでもありで言いっぱなしの文化が開花し、オープンにできない話題を扱うためのアカウント（通称「裏アカ」）を持つ人がたくさんいます。いまや「炎上」や「ヘイトスピーチ」によって、SNS上の心無い書き込みによって、傷つけられ、死に追いやられる人さえ出ているのです。

これだけ技術革新が進んだにもかかわらず、農業技術も情報も輸送の手段もあるのに、一向に飢餓はなくなることはありません。世界中の言語を瞬時に翻訳してくれるアプリケーション（アプリ）もあって、世界中を知る知識は集積され得るのに、人はわかり合うことができず、戦争やテロは止むことがありません。どんなに技術があっても、それを支える規範、人間として決して踏み外してはいけない道、お互いにこうありたいという理想への共通理解がなければ、人間はこの地球で、すぐ隣にいる人とさえ仲よく一緒に生きることができないのです。

技術革新の進んだ今日の社会に通用する、世界中の人の生き方の基盤となるただ一つの道徳、そのようなものはあるのでしょうか。読者のみなさんなら何を唯一の「規範」としてあげ、身につけようと思いますか。「人間の尊厳への畏れ」、「思いやり」や「お互いさま」の精神、「平等」や「正義」でしょうか。

互いに愛し合う道を歩むために

最後に、わたしが究極の「規範」だと考えていることを記したいと思います。それは、わたしの発明ではなく、二〇〇〇年近く読み継がれてきたキリスト教の聖典「聖書」が教えてくれたものです。とても古いものですが、わたしがこの社会、世界で人間として生きる道しるべとしていることです。それは、ひとことで言うと「愛」という規範、もう少し言うと、「神の愛によって互いに愛し合って生きる」ということになります。

聖書の中に、使徒パウロという人が、コリントという町にある教会の人たちに宛てた手紙があります。その教会は当時、人間関係のいざこざを抱えていました。そこで、パウロは手紙の中で、いろんな違いがあっても、特に弱く小さく、見劣りするような存在であっても、教会という一つの体（共同体・社会）には、どの一人も欠くことができない大事なパーツなのだと書いて送っています。その教会では、弱い者いじめ（差別）や、仲間外れ（排除）がたくさんあったのだとわかります。二〇〇〇年も前のことですが、社会の不平等と人間関係の壊れやすさは、今もちっとも変わりがないのです。

パウロはその手紙の中で、それまで、仲たがいする教会の人々に諭すようにしてきた言い方を、パタっと止める箇所があります。コリントの信徒への手紙Ⅰの一三章というところです。そして、「そこで、わたしはあなたがたに最高の道を教えます」（一二・三一）と切り出して、語ったのが「愛」についてでした。

「愛がなければ、無にひとしい」（一三・二）。どんな行為も活動も理想も信念も、愛という規範、愛という動機からなされなければ、それには何の意味もないのだとパウロは書いています。人間関係を豊かにあたたかく結ぶのは、「愛という絆」しかないということです。聖書が伝える、人間がとれる「何よりすぐれた道」、最高の行動指針は愛なのです。

パウロが述べる愛は、もちろんイエス・キリストが示されたことに基づいています。イエスは、死を目前にして「互いに愛し合いなさい」（ヨハネ福音書一三章）という言葉を遺されました。「互いに愛し合う」、それは、イエスの遺言となった新しい掟、それ以降ずっと守るべき唯一の命令、規範だったのです。

「互いに愛し合う」、それを人生の歩き方の模範にしたいと願います。けれども、その聖書の言う「愛」はとてもハードルが高い課題でもあります。そんな愛は、自分の中からは出てこないと感じます。それでも、もし、まず神がわたしたちを愛し、「無償の愛」を注いでくださっているのであれば、話は変わってくるのではないでしょうか。

神の愛について私たちは何を語ることが出来るでしょうか。一つ確かなのは、神の愛は無条件であるということです。「もし……なら、あなたを愛する」と神は言われません。神のお心には「もし」がないのです。私たちが何をし、何を言ったとか、私たちの見かけや知性、成功や人望、こういったものと私たちに対する神の愛は関係がありません。この神の愛は、私たちが生まれる前から存在し、私たちが死んだ後も存在し続けます。神の愛は永遠から永遠に到り、この時間の中で起こるいかなる出来事や状況にも束縛されることはありません。

（ヘンリ・J・M・ナウエン『今日のパン、明日の糧』嶋本操監修、河田正雄訳、聖公会出版、二〇〇一年、七一頁）

愛のない、乾ききった砂漠のような社会で、生きる気力を失いかけている子どもに寄り添い、つながり、その状況を変えていくのは、途方もなく難しいことです。社会の闇を感じます。自分の無力を感じます。けれども、そのようなわたしたちの状態にはお構いなしで、どんな社会でも、どんな時代にも注がれる神の無条件の愛があることを聖書は伝えています。それならば、それを受け取って、無条件に「互いに愛しあう」という道を歩くことができるかもしれません。そうすることで、子どもたちの社会関係資本のワンピースとなっていく、小さな希望がみえてくるように思うのです。

注

(1)「胸の泉に」は『いのちの詩──塔和子詩選集』(川崎正明ほか編、編集工房ノア、一九九九年、一〇二－一〇三頁)にも収録されている。
(2)ロバート・D・パットナム『孤独なボウリング──米国コミュニティの崩壊と再生』柴内康文訳、柏書房、二〇〇六年、三六二頁。小見のぞみ「ソーシャル・キャピタルとしてのキリスト教保育」の「2 ロバート・パットナムにみるソーシャル・キャピタルと『保育』」(『キリスト教教育研究』日本キリスト教教育学会、二〇二〇年発行予定)参照。
(3)『あしがらさん』は、監督飯田基晴が一九九八－二〇〇一年の三年間にわたり、新宿で野宿生活をする「あしがらさん」に密着したドキュメンタリー作品(製作・監督・撮影・編集・ナレーション飯田基晴、音楽梅津和時、配給「あしがらさん」上映ネットワーク、二〇〇二年／二〇〇四年公開)。
(4)小浜逸郎『方法としての子ども』ちくま学芸文庫、一九九六年、一一三頁。
(5)同、一一四頁。
(6)ロバート・D・パットナム『われらの子ども──米国における機会格差の拡大』柴内康文訳、創元社、二〇一七年、二三四頁。

（7）ニール・ポストマン『技術VS人間――ハイテク社会の危機』（GS研究会訳、新樹社、一九九四年）と『子どもはもういない』（小柴一訳、新樹社、一九九五年）から、わたしはたくさんのことを学んだ。詳細は松下（小見）のぞみ「『子ども期の消滅』に何を読むのか」（『聖和大学論集』第二四号B、一九九六年）参照。

（8）ポストマン『技術VS人間』九頁。

あとがき

本書は、富坂キリスト教センターが二〇一六―一九年に主催した「子どもの貧困とキリスト教」研究会から生み出されたものです。東京都文京区にある富坂キリスト教センターは、毎年、現代社会の課題を一つとりあげて研究会を組織し、三年間の継続研究と研究成果の出版を行っています。その二〇一六年度発足の研究会が、「子どもの貧困とキリスト教」をテーマとした本研究会で、三年間の研究の成果がこの出版ということになります。

子どもの貧困が社会問題としてクローズアップされ、子ども食堂の取り組みが各地でなされ始めた二〇一五年の秋、富坂キリスト教センターで「子どもの貧困とキリスト教」をテーマにして研究会をたちあげたい、ついては座長にというお話をいただきました。

考えてみると、日本では、キリスト教に関わる多くの団体、個人が、「子どもの貧困」に象徴される子どもや若者の権利擁護の働きと熱心に関わっています。けれども、その中には、キリスト教という宗教を表には出さずに、あるいはあえて隠して活動している人たちもたくさんおられます。なぜ宗教を持ち出せないのか、逆にキリスト教だからこそできることはあるのだろうか、キリスト教はどのような教えや考えをもって、小さく弱くされている子どもたちのエンパワメントに関われるのか、実際に日本の教会やクリスチャンはこれまで何を担ってきたのか、などの問いが頭をめぐりました。

富坂キリスト教センターのこの企画を一つの機会として、「キリスト教と子ども」、「キリスト教と子どもの貧困」について対話的、批判的に考える研究会ができれば、それは、子どもたちや若い人たち、今日の社会に期待されていることと、キリスト教の働きを結びつける一助になるかもしれないと思うようになったのです。

そこで、具体的研究課題に次の四つの柱をあげて、研究会を二〇一六年一〇月からスタートさせることになりました。

①子どもの貧困をできる限り可視化し、その実相を検証する。
②これまでの実践的な取り組みの事例（成功と失敗）を調査する。
③キリスト教教育の視座から、子どもを神学的に意味づける。
④日本におけるキリスト教主義学校・キリスト教保育・キリスト教児童福祉の現場と教会の社会的使命と独自性を明らかにする。

座長を引き受けたわたしのはじめの大仕事は、見ず知らずの方々を含めた「これぞ！」という七人に「研究員になってください！」と突撃交渉をして、メンバーとなっていただくことでした。

最初に構想した、願い通りのメンバーが全員、この研究会に参加してくださることになりました（このメンバーを集められたことで、座長としての仕事はほとんど終わりだったと言えるかもしれません）。

糸洲理子《あやこ》さん（沖縄キリスト教学院大学・沖縄キリスト教短期大学教員）、今井誠二さん（尚絅学院大学教員、バプテスト仙台南キリスト教会牧師、ＮＰＯ法人仙台夜まわりグループ理事長）、坪井節子さん（ＮＰＯ法人カリヨン子どもセンター理事長、弁護士）、西島央《ひろし》さん（首都大学東京教員）、浜田進士さん（子どもの人権ファシリテーター、特定非営利活動法人「青少年の自立を支える奈良の会」副理事長）、宮本みち子さん（放送大学副学長）、前田美和子さん（広島女学院大学教員）と座長、小見のぞみ（聖和短期大学教員）の八名が研究員となりました（いずれも肩書は当時のもの。詳細は執筆者紹介をご覧ください）。

ノンクリスチャン、クリスチャンを問わず、ホームレス支援や若者支援の活動家、教員、弁護士、牧師、保育者養成などしていることもさまざま、専門も、社会学、教育学、聖書学など色々のメンバーが、沖縄、広島、仙台など各地から富坂に年に二―三回集まって、研究会を重ねていきました。毎回の研究会で、メンバー個々の問題意識や知見を発表しあい、子どもの貧困とキリスト教という切り口から対話や討議するのは、本当に刺激的で、たくさんの発見、学び、そして心の動きがありました。そうして足かけ三年、八名の研究員の発表が終わるころ、発足時に掲げた四つの具体的課題ごとに考えや問題意識も深まっていきました。

ひとつめの課題、子どもの貧困の可視化、実相の検証については、「子どもの貧困」が「見えない貧困」と称されるように、表面化されない側面を持っていることに注意が集まりました。この問題の根底にある貧困の経済的側面を理解し、社会保障制度の充実を図る必要があることはもちろんですが、本研究会に求められていることは、経済的貧困の部分よりも、社会的包摂力や社会関係資本の醸成をめざして、文化的、社会的奪取が子どもたちに起こっていることを見えるようにすることだと思われました。奪い取られている子どもたちの現状、格差の広がる環境について、子どもが生きる学校を始めとする「共同体」に注目しながら可視化すること、知ることは、この問題と関わる第一歩となると思います。

ふたつめの、実践的な取り組みの事例研究という課題では、メンバーそれぞれの実体験が吐露され、子どもの命や尊厳への脅威に対して、やむにやまれぬ思いから子どもの権利擁護の活動が熱くなされていることを実感しました。けれども、その実状報告から見えるのは、キリスト教界（教会）の無理解と、子どもたちの霊的欠乏に直面して揺らぐ支援者の姿でもありました。事例研究をとおして、それぞれの物語をとおして、子どもたちだけでなく、実践現場が対峙する問題と可能性を整理し方向性を示唆すること、それが、子どもたちと支援者を孤立させずに力づけることになるのだと思います。

キリスト教教育の視座による神学的意味づけという三つめの課題は、また、この研究会に欠くことができない厳しいテーマでした。教会は、マルコによる福音書一〇章一三―一六節においてイエスが示した「最も貧しい者、小さい者を共同体に受け入れるところにある神の国の実現」を心から願い、実践しているでしょうか。イエスが子どもたちによって明らかにしたよい知らせ（福音）を、自分の生き方に反映しているでしょうか。イエスの教える福音を聴きとり、深く考えることは、教会の宣教や教育のあり方の変革に繋がります。日本の教会の子ども理解、教育論、子どもの人権擁護との関わりを歴史的に検証しながら、今後の在り方を展望することができればと願います。

最後の、キリスト教の社会的使命と独自性の明確化という課題は、スピリチュアルペイン、スピリチュアルケアや、教育のスピリチュアリティとの関連で深く考えさせられるテーマでした。キリスト教主義学校、キリスト教保育の現場において大切にされてきた平和教育・人権教育は、今もめざすべき高い指標を示し、子どもの貧困が抱える深刻な問題への有効な、希望ある教育であると考えられます。特に、キリスト教の持つ宗教性・スピリチュアリティが、子どもたちの深い悲しみや痛み、支援者の苦悩を解きほぐす役割を果たしうることを見直す機会になったことは、この研究の慰めであり、力だと思われます。

このように研究会を重ねて、最後にどのようなまとめをしようか、どんな成果を発信できるだろうかと考えたわたしたちは、宮本さんの紹介で、フィールドワークに出かけることにしました。二〇一八年九月一〇日、横浜、根岸のK２インターナショナルを全員で訪問しました。K２インターナショナルは、一九八八年から「不登校・ひきこもり・発達課題など、生きづらさを抱える若者たちの自立就労支援」のために共同生活を基本として活動してきた団体で、現在では雇用創出のための「にこまる（２５０）食堂」やお好み焼き店を経営、大人気の学童・子育て事業も展開しています（詳しくは公式ホームページ https://k2-inter.com をご覧ください）。

ここを研究の最終の段階で訪問したのは、このK２がキリスト教に基づいて建てられていて、グループ内に牧師を擁したチャペル（単立教会）を持っていることを知り、活動を見学すると共に、CEOの金森克雄さんからこれらの支援事業とキリスト教との関わりについてお話を聴くためでした。

金森さんは、日本の支援の現場ではクリスチャンの方がクリスチャンであることに気兼ねしていると分析し、関わる若者の一生を引き受ける覚悟と働きは「キリスト教信仰がなければできない」と言い切られました。そして、キリスト教が本来もっている他者への愛とケアを、今自分ができる力の範囲で、継続して実践する重要性を語ってくださいました。それは、まさに、本研究会の着地点であったと思います。

そうして、いよいよ終盤を迎えた研究会では、最後にどのような本を出版するかについて、時間をかけて話し合いました。

まずわたしたちには、「子どもの貧困とキリスト教」というテーマですから、キリスト教が子どもをどう捉え、子どもの権利擁護に対してどのような社会貢献をなし得るのかを、今日的課題である「子どもの貧困」問題から考え、社会に発信することが求められていると考えました。けれども、それは、キリスト教に関わる人や信者だけを対象とするものであってはいけないだろう。また、自分たちの考えや「～すべき」といった論説をただ記録する成果刊行物ではないものにしたい。この研究が今を生きる子どもたち、若者たちの支援に役立つものとなる、つまり、社会で次の実りを結んでいく（まさに成果物となる）にはどうしたらいいのだろうか――。その後、出版社、編集者との交渉を経て、研究会では刊行物の方向を、次のように絞りました。

キリスト教主義学校で学ぶ大学生たち（主に教育、保育、福祉、看護など対人援助職に就こうとする人たち）に、「子どもの貧困」を切り口として、子どもの権利擁護について考え、キリスト教の子ども観、人権意識に基づく働きを理解できるようなテキストを作ろう――というコンセプトです。そこから広がって、子ども問題に関わる信徒や一般の方々、キリスト教保育・教育に携わる保育者・教育者、そこに子どもを送る家庭へと、わかりやすく読まれるものを目指したいと考えたのです。

そうして出来上がったのが、本書『奪われる子どもたち――貧困から考える子どもの権利の話』です。研究員それぞれの原稿を持ち寄って読み合せる中から、わたしたちの願いやこの本の目的は、さらに明確になりました。

最後になりましたが、研究会の機会を与えて下さった公益財団法人基督教イースト・エイジャ・ミッション富坂キリスト教センターと、研究会のはじめからおわりまでを導いてくださった総主事の岡田仁さん、快く訪問を受け入れて下さったK２インターナショナルのみなさん、この本の出版を力強く後押ししてくださった教文館と倉澤智子さん、出版記念を兼ねたパネルフォーラムにご協力いただいたＹＭＣＡ同盟の横山由利亜さん、カバー画を描いて下さった渡辺由香子さんをはじめ、支えてくださった多くの方々に心から感謝を申し上げます。

わたし自身にも、多くの新しい出会いとチャレンジ、励ましを与えてくれた富坂の研究会はここで終わります。けれども、次は、この本が、たくさんのものを奪われて、心折られている子どもたちと、子どもを想うすべての大人たちを力づける、希望のかけらとして読まれていく番です。そのように、この本が用いられていくことこそ、「子どもの貧困とキリスト教」研究会のなによりの実りであると思っています。

二〇一九年クリスマス

「子どもの貧困とキリスト教」研究会を代表して　小見　のぞみ

執筆者紹介（執筆順）

浜田進士（はまだ・しんじ）

1961年生まれ。大阪市立大学大学院創造都市研究科修士課程修了。現在、特定非営利活動法人青少年の自立を支える奈良の会理事長、自立援助ホーム「あらんの家」ホーム長、特定非営利活動法人子どもの権利条約総合研究所関西事務所長。

主な著書　『イラスト版子どもの権利——子どもとマスターする50の権利学習』（共著、合同出版、2006年）、『子どもの権利条約ガイドブック』（共著、子どもの権利条約総合研究所編『子どもの権利研究』第18号、日本評論社、2011年）、『子どもの居場所ハンドブック』（共著・編集担当、子どもの権利条約総合研究所編『子どもの権利研究』第22号、日本評論社、2013年）、『子どもの権利広報ガイドブック』（共著、子どもの権利条約総合研究所編『子どもの権利研究』第24号、日本評論社、2014年）ほか。

宮本みち子（みやもと・みちこ）

1947年生まれ。東京教育大学文学部経済学・社会学専攻卒業、1975年お茶の水女子大学大学院家政学研究科修士課程修了。現在、千葉大学名誉教授・放送大学名誉教授。

主な著書　『若者が《社会的弱者》に転落する』（単著、洋泉社、2002年）、『若者が無縁化する——仕事・福祉・コミュニティでつなぐ』（単著、ちくま新書、2012年）、『すべての若者が生きられる未来を——家族・教育・仕事からの排除に抗して』（編著、岩波書店、2015年）、『下層化する女性——仕事と家庭からの排除』（小杉礼子共編著、勁草書房、2015年）ほか。

糸洲理子（いとす・あやこ）

1972年生まれ。聖和大学大学院教育学研究科幼児教育学専攻博士前期課程修了。現在、沖縄キリスト教短期大学准教授。

主な著書・論文　「ごはんと安心といたわりを」（単著論文、『沖縄子ども

の貧困白書』加藤彰彦ほか編、沖縄県子ども総合研究所、かもがわ出版、2017年)、「沖縄戦後の保育所設立に関する一考察」(単著論文、『聖和大学論集　教育学系』36号A、2008年、213–223頁)、「子どもの人権に関する一考察——沖縄の子どもの保育環境を視点として」(単著論文、『沖縄キリスト教学院大学論集』9号、2012年、41–50頁)、「キリスト教保育における子どもの人権に関する一考察」(単著論文、『沖縄キリスト教学院大学論集』10号、2014年3月、21–31頁)ほか。

西島　央(にしじま・ひろし)
1968年生まれ。東京大学大学院教育学研究科博士課程単位取得退学。現在、青山学院大学教授。
主な著書　『部活動——その現状とこれからのあり方』(編著、学事出版、2006年)、『戦時下の子ども・音楽・学校——国民学校の音楽教育』(本多佐保美ほか共編著、開成出版、2015年)、「子供を育む運動部活動の意義と社会的役割——教育社会学の観点から」(共著、『運動部活動の理論と実践』友添秀則編、大修館書店、2016年)、「なぜ教育勅語の暗唱が問題なのか——『隠れたカリキュラム』から読み解く」(共著、『教育勅語と学校教育』日本教育学会教育勅語問題ワーキンググループ編、世織書房、2018年)ほか。

坪井節子(つぼい・せつこ)
1953年生まれ。早稲田大学第一文学部哲学科卒業。現在、弁護士、社会福祉法人カリヨン子どもセンター理事。
主な著書　『子どもたちに寄り添う』(単著、いのちのことば社、2007年)、『居場所を失った子どもを守る——子どもシェルターの挑戦』(共著、明石書店、2009年)、『子どもにかかわる仕事』(共著、塩見稔幸編、岩波ジュニア新書683、2011年)、『弁護士っておもしろい!』(共著、石田武臣・寺町東子編、日本評論社、2017年)ほか。

前田美和子(まえだ・みわこ)
関西学院大学大学院神学研究科博士課程前期課程修了。現在、広島女学院大学人文学部・人間生活学部 共通教育部門准教授。

主な論文 「非認知能力を育てるキリスト教主義教育の可能性について（第1–4報）」（共著論文、『広島女学院大学幼児教育心理学科研究紀要』3号、2017年3月、47–53頁／4号、2018年3月、61–70頁／5号、2019年3月、43–51頁／6号、2020年3月発行予定）、「虐待を受けた子どものスピリチュアルペインについての一考察」（『広島女学院大学幼児教育心理学科研究紀要』5号、2019年3月、31–37頁）ほか。

今井誠二（いまい・せいじ）

1960年生まれ。東京大学大学院人文科学研究科（西洋古典学）修士課程修了。現在、尚絅学院大学人文社会学群教授、特定非営利活動法人仙台夜まわりグループ理事長。

主な著訳書 D. ツェラー『Q資料注解』（単訳、教文館、2000年）、『聖書学用語辞典』（項目執筆、樋口進・中野実監修、日本キリスト教団出版局、2008年）、「コメンタリー ホームレスの自立」（単著、『アエラ』2002年5月20日号、朝日新聞社、2002年5月13日）、「神の国はあなたがたのただ中に——大震災の現場から」（単著、『福音と世界』新教出版社、2011年5月号）ほか。

小見のぞみ（こみ・のぞみ）

1962年生まれ。聖和大学教育学部キリスト教教育学科、Presbyterian School of Christian Education卒業。現在、聖和短期大学教授（宗教主事）。

主な著訳書 『田村直臣のキリスト教教育論』（単著、教文館、2018年）、『教会教育の歩み——日曜学校から始まるキリスト教教育史』（共著、NCC教育部歴史編纂委員会編、教文館、2007年）、『子どもと教会——第44回神学セミナー』（共著、関西学院大学神学部ブックレット3、キリスト新聞社、2011年）、P. J. パーマー『教育のスピリチュアリティ』（原真和共訳、日本キリスト教団出版局、2008年）ほか。

奪われる子どもたち——貧困から考える子どもの権利の話

2020年 2月20日 初版発行
2021年 4月30日 第2版発行

編 者 富坂キリスト教センター
発行者 渡部 満
発行所 株式会社 教文館
〒104-0061 東京都中央区銀座4-5-1
電話 03(3561)5549 FAX 03(5250)5107
URL http://www.kyobunkwan.co.jp/publishing/

印刷所 モリモト印刷株式会社
配給元 日キ販 〒162-0814 東京都新宿区新小川町9-1
電話 03(3260)5670 FAX 03(3260)5637

ISBN 978-4-7642-6147-1 Printed in Japan